In dieser gehetzten Zeit ahnen viele, dass Meditation ihnen helfen könnte, ein gelasseneres Leben zu führen. Aber viele fürchten auch, dass Meditation für sie zu anspruchsvoll oder zu kompliziert sein könnte. Muss man sich dazu nicht in ein Kloster oder in eine Höhle zurückziehen? Muss man nicht wallende Gewänder tragen, die Beine verknoten und mystische Worte murmeln? Muss man sich nicht gar einem Guru und einer exotischen Weltanschauung verschreiben?
Nein, sagt Clark Strand: Meditation ist viel einfacher, als du denkst! Sie gehört zu unserer Natur und ist deshalb so einfach, dass wir gar nichts *tun* müssen, um erfolgreich zu meditieren. Alle Methoden, geistigen und körperlichen Verrenkungen verstellen nur unseren Blick auf die Tatsache, dass Meditation und die Fülle unseres Lebens sich dann einstellen, wenn wir unserer Natur nichts hinzufügen – wenn wir schlicht »nichts tun«. Alles, was es braucht, ist völlig präsent zu sein im gegenwärtigen Augenblick – und das kann man mit Hilfe der hier vermittelten meditativen Übungen für ein gelassenes Leben lernen.

Clark Strand praktiziert seit dreißig Jahren Meditation. Als buddhistischer Mönch und designierter Nachfolger eines japanischen Zen-Meisters hat er selbst die Möglichkeiten und Fallstricke der »institutionalisierten Meditation« kennen gelernt, bevor er sich entschloss, als Laie ins normale Leben zurückzukehren und nur noch die Quintessenz der Meditation zu lehren. Er lebt heute als freier Autor mit seiner Familie bei Woodstock im US-Bundesstaat New York.

Unsere Adresse im Internet: www.fischer-tb.de

Clark Strand

Einfach meditieren

Übungen für ein gelassenes Leben

Aus dem Amerikanischen
von Jochen Eggert

Fischer
Taschenbuch
Verlag

Einmalige Sonderausgabe
Veröffentlicht im Fischer Taschenbuch Verlag,
ein Unternehmen der S. Fischer Verlag GmbH,
Frankfurt am Main, Mai 2002

Die amerikanische Originalausgabe erschien 1998
unter dem Titel »The Wooden Bowl. Simple Meditations for Everyday Life«
im Verlag Hyperion, New York

Druck und Bindung: Clausen & Bosse, Leck
Printed in Germany
ISBN 3-596-50604-2

Für
Deh Chun

Inhalt

Der Pfad voraus
scheint zurück zu führen.
Laozi

Einleitung

Gegen Ende meines zweiten College-Jahres wachte ich eines Morgens auf und stellte fest, dass ich plötzlich den Boden unter den Füßen verloren hatte. Ich hätte es wohl kommen sehen, wenn ich nur ein wenig mehr auf mich selbst geachtet hätte. Meine Freunde jedenfalls waren nicht überrascht. An jenem Morgen ging ich ins Büro des Dekans und informierte ihn, dass ich aussteigen würde.

»Wollen Sie nicht erst mal mit der psychologischen Beratung reden?«, fragte er.

Zum ersten Mal seit Monaten musste ich lachen. »Ich bin nicht deprimiert«, sagte ich, »sondern total verzweifelt.«

Schon am nächsten Tag saß ich in einem Überlandbus, unterwegs zu einem Zen-Kloster im Staat New York. Dort würde ich einen Zen-Meister finden, hatte man mir gesagt, der mir vielleicht helfen könnte, einen Lebenssinn zu finden. Damals wusste ich noch nicht, dass nur wenige Kilometer von meinem Studentenwohnheim entfernt ein chinesischer Zen-Meister in einer kleinen Holzhütte mit zwei Zimmern wohnte.

Zehn Jahre später und nach einer an Vernachlässigung und spirituellem Unbehagen erstickten Ehe war ein Zen-Mönch aus mir geworden, der stellvertretend einen Tempel in New York City leitete, in dem man sich zweimal am Tag zum Meditieren traf. Mein Kopf war kahl geschoren, ich besaß eine eindrucksvolle Auswahl an Mönchsgewändern – und ich sollte meinem Lehrer als Abt des Tempels nachfolgen. Aber wenn ich in den Spiegel blickte, erkannte ich das Gesicht, das ich sah, nicht mehr. Hatte ich nicht einfach nur herausfinden wollen, wer wir wirklich sind und wie wir zu leben haben? Stattdessen hatte ich jetzt einen neuen Job und andere Kleidung.

Ich wollte weg, aber ich hatte dem Abt versprochen, dass ich den Tempel während seines Sabbat-Jahres, das er daheim in Japan verbrachte, weiter leiten würde. Ein weiteres Jahr lang betreute ich also die täglichen Meditationen und die langen Wochenendklausuren in vollkommenem Schweigen. Aber ich selbst meditierte nicht mehr so, wie ich es gelernt hatte. Ich fragte mich: Gibt es für uns eine Möglichkeit, zur Besinnung zu kommen und uns selbst, unser Leben und andere Menschen im gegenwärtigen Augenblick zu erfahren, ohne dafür neue religiöse oder philosophische Ideologien annehmen zu müssen? Kann Meditation außerhalb eines ideologischen Rahmens existieren als etwas, das einfach menschlich ist, deswegen aber nicht weniger tief gehend sein muss? Was würde passieren, wenn man die so lange von den Religionen verwaltete Meditation von der Leine ließe?

Als ich mich schließlich – viele Jahre nach meinem Eintritt in den Mönchsstand, aber auch Jahre nach meinem Ausscheiden – entschloss, dieses Buch zu schreiben, musste ich mich zunächst einmal fragen, wozu das überhaupt gut sein sollte. Es gab schon so viele Bücher über Meditation, und ich konnte mich des Gedankens nicht erwehren, dass wir der Sache näher kommen würden, wenn wir all diese Bücher auf einen Haufen würfen und anzündeten. Das freilich war nicht zu erwarten.

So blieb mir nichts, als selbst ein Buch zu schreiben und

ein paar Streichhölzer beizulegen – in der Hoffnung, dass das Beispiel Schule machen würde oder meine Leser dazu anregen könnte, noch ein paar weitere Bücher nachzulegen. So würden wir vielleicht zu dem zurückfinden, was wir schon immer als die größte und wichtigste Wahrheit empfunden haben: dass es keine andere Art zu leben gibt, als für die Natur, für uns selbst und für andere präsent zu sein.

Dieses Buch möchte Ihnen zeigen, wie Sie ganz für sich allein meditieren können. Es geht allerdings noch besser, wenn Sie es in einer Gruppe tun. Sie brauchen dazu keinen Lehrer, und Sie müssen keine Reisen unternehmen. Es ist auch nicht besonders kompliziert. Sie müssen nicht befürchten, dass Sie wieder vergessen, wie man es macht, und wenn jemand Sie nach der Lektüre dieses Buches fragt, was Sie denn da machen, sollten Sie es ohne Mühe erklären können. Verlangt ist einzig, dass Sie Anfänger zu bleiben bereit sind, dass Sie es auf einen Expertenstatus gar nicht erst anlegen, dass Sie die Meditation zu Ihrem Vergnügen betreiben und nicht in neurotische Besessenheit verfallen oder Meditation gar als einen Job begreifen. Wahren Sie einfach einen Geist der Leichtigkeit und Freundlichkeit gegenüber dem, was Sie tun. Es ist nichts Besonderes, aber es funktioniert.

Teil 1: Wie man anfängt

Lehren ist nicht möglich

»Meditation kann nicht gelehrt werden«, sagte mein erster Lehrer, Deh Chun, ein älterer chinesischer Einsiedler, der die letzten Jahre seines Leben in Monteagle, Tennessee, verbrachte. »Nur Lernen ist möglich«, fügte er hinzu, *»manchmal.«*

Er meinte damit, dass Meditation nur praktiziert werden kann. Lehren bedeutet demnach, dass das Gelehrte nicht die Sache selbst ist, Meditation zum Beispiel, sondern etwas anderes. Eine Methode, eine Philosophie, aber nicht Meditation als solche.

Wenn ich an die gemeinsamen Jahre mit Deh Chun zurückdenke, finde ich es immer wieder erstaunlich, dass ich mich an nichts Bestimmtes erinnere, das ich je von ihm gelernt hätte. Ich könnte keines unserer Gespräche anführen und dann sagen: »Ja, siehst du, und dann hat Deh Chun das und das gesagt, und alles war klar.« *Überhaupt nichts* war damals klar. Wenn ich so zurückdenke, erkenne ich heute, dass sein Lehren einzig und allein darin bestand, im gegenwärtigen Augenblick zu sein; dem fügte er nichts, gar nichts hinzu.

Bei Deh Chun zu sein, das war, als fiele man durch ein Loch in allem, was die Welt für wichtig erachtet – Bildung, Fortschritt, Geld, Sex, Prestige. Es war wie eine Ahnung, dass nichts sonst von Bedeutung sei und dass ich zum Leben nichts als das *Jetzt* brauchte, den Augenblick. Wenn ich in diesem kleinen Haus saß und dem Summen des Wasserkessels, dem Prasseln der Zweige im Ofen lauschte, war ich wie vorübergehend aus dem Verkehr gezogen. Das Außerordentliche seiner Unterweisung war, dass er diese Verwandlung bewirken konnte, ohne ein Wort zu sagen.

Er war von vollkommener Schlichtheit. Wie das Wasser folgte sein Leben der Schwerkraft, immer noch tieferes Gelände suchend. Als ich ihn kennen lernte, wohnte er in einem wackligen Häuschen mit zwei Zimmern und einem Holzofen vom Format einer Schreibmaschine. Möbel gab es keine, nur ein paar umgedrehte Apfelsinenkisten und etliche Kartons, in denen er seine Kleidung aufbewahrte. Sein Bett bestand aus zwei Sägeböcken mit einer Sperrholzplatte und einer Schaumstoffmatte als Auflage. Ich erinnere mich, dass ich einmal dachte, wie gut dieses Bett zu seinem schmächtigen kleinen Körper passte.

Eine ähnliche Konstruktion im anderen Zimmer diente ihm als Tisch, an dem er Briefe schrieb und seine chinesischen Tuschelandschaften malte. An der Rückwand des Hauses lehnten Spaten, Schaufel und Rechen, die Werkzeuge, mit denen er ein Stück Land von der Fläche zweier größerer Betten bearbeitete. Außer Tee, Sojabohnen, Erdnussbutter, Melasse und gelegentlich Weizenmehl kam alles, was er aß, dorther.

Wenn wir zusammen in seinem kleinen Haus saßen, wurde nicht viel gesprochen. Ich merkte bald, dass er keinerlei Neigung verspürte, mir formelle Unterweisungen zu geben. Er trug mir ein Mittagessen auf, manchmal auch das Frühstück, wenn ich früh genug kommen konnte, und dann spülte ich das Geschirr ab. Danach unterhielten wir uns vielleicht über seinen Garten, aber meist schwiegen wir nur, bis ich wieder gehen musste.

Zum Standardrepertoire der meisten Bücher über Meditation gehört die Aussage, der Lehrer sei wie ein Spiegel, der einem sein wahres Selbst zu sehen erlaube. Das habe ich bei Deh Chun nicht so erlebt. Da war es eher wie dieses schwerelose Schweben im Toten Meer: Man liegt rücklings im Wasser und blickt in den leeren Himmel. Ich empfand Frieden und unendliche Freiheit, aber das war auch alles. Es gab anschließend nichts, was ich *gewusst* hätte. Deh Chun auf irgendeine Frage zur Meditation festnageln zu wollen – da hätte man auch versuchen können, einen Nagel in die Luft zu schlagen. Er lehrte eine Sache und nur diese eine Sache, die aber in Perfektion: Meditation geschieht jetzt.

Nach meinem ersten Besuch in seinem Haus wurde mir klar, dass hier nichts Grundstürzendes passieren würde, aber ich kam doch immer wieder, obwohl ich nicht wusste, was es war, das mich an ihm so fesselte. Ich war College-Student und zumindest darin mit anderen Neunzehnjährigen vergleichbar, dass es nicht gerade meiner natürlichen Neigung entsprach, meine Zeit mit jemandem zu verbringen, der viermal so alt war wie ich. Zumal mit jemandem, der nach menschlichem Ermessen kaum mehr als ein Gammler war.

Deh Chun war durch und durch einfach. Er lebte von fünfzig Dollar im Monat. Er war ein buddhistischer Mönch, der nie von Buddhismus sprach, ein Landschaftsmaler von Rang, der nie eines seiner Werke verkaufte. Er trug nur Secondhand-Kleidung und war frei von jeglicher Anmaßung.

Nun, lange nach seinem Tod, wird mir endlich klar, dass er allein durch sein Beispiel lehrte. Kürzlich sagte ein Freund über einen bestimmten katholischen Priester: »Er tut, was er predigt, und deshalb muss er nicht so laut predigen.« Deh Chun tat nur und predigte gar nicht.

Denken Sie mal an Ihr Hobby, falls Sie eins haben. Sonst denken Sie einfach an das, was Sie am liebsten tun. Wie viel Zeit gönnen Sie sich pro Woche für den Garten? Wie viel fürs Stricken oder Golfspielen? Und wie viel Zeit *hätten* Sie gern dafür?

Mein Schwiegervater, der jetzt pensioniert ist, war Chirurg. Aber, sagt meine Frau immer, er war Chirurg, damit er segeln konnte; damit er am Wasser leben und jedes Jahr ausgiebig Urlaub auf dem Meer machen konnte. »Wenn ich zurückdenke«, sagt sie, »war er immer am glücklichsten, wenn er diese Schalentierchen vom Bootsrumpf kratzen konnte.«

Man verspricht sich von einem Hobby nichts anderes als eben die Sache selbst. Man wendet sich einem Hobby zu, weil es einem Spaß macht oder man sich dabei entspannt. Man ist nicht sauer, weil man es noch besser hätte hinkriegen sollen oder mal einen Tag verpasst hat. Bei einem Hobby geht es um nichts anderes, als dass man mal alles vergisst und irgendetwas um seiner selbst willen tut – und die Befriedigung genießt, die darin liegt. Man tut es nicht, um sein Selbstwertgefühl zu heben oder für die Welt oder um des inneren Friedens willen. Sie haben eine ganz einfache, natürliche und völlig unbefangene Beziehung zu Ihrem Hobby. Wäre irgendein Gefühl der Befangenheit damit verbunden, würde es Ihnen nicht so viel Spaß machen. Es wäre dann kein Hobby mehr.

Auch Meditation sollte etwas von diesem Beschäftigtsein mit einer Sache um der Sache selbst willen haben, ohne die üblichen Zweifel und Bedenken: Mache ich es auch richtig? Machen die anderen es besser? Wahrscheinlich werde ich auch hier wieder versagen, wie üblich. Nein, es sollte ein Bereich in Ihrem Leben sein, in dem Sie mal von allem Zwanghaften lassen können – besser zu werden, voranzukommen, mehr zu bringen als jeder andere. Leider tun viele Meditierende genau das, wenn auch unwissentlich.

Manche folgen dem neurotischen Drang, ihr Selbstwertgefühl aufzumöbeln, als hätte das Meditieren etwas mit »ein besserer Mensch sein« zu tun. Andere wollen gegen seelische Leiden oder eine zu hohe Pulsfrequenz anmeditieren. Und wieder anderen geht es um besseres Karma oder hehre spirituelle Zustände. Man begibt sich in lange Klausuren, um sich selbst zu finden, und überlässt derweil die Familie sich selbst. Aber wo wollen wir uns denn finden, wenn nicht in dem Leben, das wir haben?

Der Hobby-Ansatz wird dem Prinzip der Meditation viel eher gerecht als der Gedanke, dass wir hier eine Aufgabe zu bewältigen, einer moralischen Verpflichtung zu genügen oder einem Job nachzugehen haben. Wenn jemand mir sagt, er meditiere für den Frieden und für eine bessere Welt, denke ich immer, dass er noch nicht weiß, was es mit Meditation auf sich hat. Nicht dass Meditation uns nicht friedfertig machte und schließlich auch eine eher positive Sicht der Welt vermittelte; aber man kann unmöglich meditieren, solange man dergleichen als *Ziel* im Kopf hat. Es sagt mir viel mehr, wenn mir jemand erzählt, dass er meditiert, weil er es gern tut oder weil in seinem Leben so viel los ist, dass er wenigstens einmal am Tag, und sei es nur für ein paar Minuten, ein bisschen Frieden haben möchte. Das ist ein weniger lastender, ein offenerer und letztlich auch direkterer Ansatz.

Wo Meditation die Ebene des Spielerischen verlässt, büßt sie einiges an Möglichkeiten ein. Sie verliert ihre Leichtigkeit und wird dann wie alles andere – ein Mittel zur Beschaffung von etwas, das wir uns wünschen. Wenn wir aus Gründen meditieren, die außerhalb der Meditation selbst liegen, verstricken wir uns nur weiter in die endlosen Zyklen des Anschaffens und Ausgebens, in denen jedes Tun in jedem Augenblick sein Ziel haben muss. Das Ziel zu erreichen bedeutet Befriedigung und Glück, während jeder Fehlschlag Enttäuschung und Resignation nach sich zieht. Wer so an die Meditation herangeht, bewirkt nicht nur nichts, sondern macht alles noch schlimmer, weil er sich den Zugang zu Frieden oder Glück, Erfüllung oder Liebe vielleicht ganz verbaut. Denn dergleichen, wenn es sich ereignet, kommt stets von innen und geschieht immer nur jetzt.

Meditation sollte die Getriebenheit unseres Lebens lindern und nicht noch verschlimmern. Deshalb sage ich: Meditiere, um zu meditieren, zum Vergnügen, ohne die Leichtigkeit der ersten Annäherung aufzugeben. Werde kein Experte, sondern bleibe Anfänger. Macht man nämlich aus dem Meditieren eine Karriere, dann dreht sich auch hier alles um Leistung. Dann aber ist Meditation im Grunde nichts anderes als dieser Trieb voranzukommen, mehr zu verdienen, einen besseren Job zu ergattern.

Wer meditiert – seien es fünf Minuten oder fünf Stunden täglich –, möchte sich einen von Hetze freien Raum in seinem Leben bewahren, wo er nicht unentwegt aus dem *Genügen*, der *Ganzheit* und *Schönheit* dieser Welt vertrieben wird. Wer wahrhaft meditiert und nicht auf neurotische Spielereien hereinfällt, der weiß, dass Frieden, Liebe, Glück, Zufriedenheit – dass alles jetzt geschieht.

Schlagen Sie dieses Buch jetzt zu, und bleiben Sie einfach ein paar Minuten still da sitzen, wo Sie gerade sind. Bleiben

Sie so; sprechen Sie nicht. Tun Sie gar nichts. Ein Lehrer nennt das »dem leeren Zustand des Geistes gegenüberstehen«.

Wenn Sie so eine Zeit lang nichts getan haben, sagen wir fünf oder höchstens zehn Minuten, werden Sie dieses Buch vermutlich wieder aufschlagen wollen, um mehr über Meditation zu erfahren. Aber warten Sie bitte noch einen Augenblick. Seien Sie versichert, dass Sie in diesem Buch nichts lesen werden, das nicht schon in Ihrer ersten Erfahrung der Meditation enthalten gewesen wäre. Selbst wenn Sie nichts wissen. Selbst wenn Sie keine Ahnung haben, was zu tun ist.

Wenn Sie aber kein Anfänger sind und vielleicht nach Jahren der meditativen Praxis auf dieses Buch stoßen oder schon viele andere Bücher über Meditation gelesen haben, dann machen Sie jetzt den Versuch, für einen Augenblick alles zu vergessen und ganz von vorn anzufangen. Setzen Sie alles daran, wieder ein Anfänger zu sein.

Fangen Sie jetzt damit an.

Ein Vortragsabend

Neulich begann ich einen Abendvortrag mit den Worten: »Bitte nehmen Sie sich einen Augenblick Zeit, um ganz präsent zu sein.« Danach ließ ich eine kleine Pause entstehen. Meine Zuhörer dachten zweifellos, dass es sich um eine Art Einstimmung handelte, mit der ich erreichen wollte, dass alle sich sammelten, bevor ich fortfuhr. Aber es war schon mein ganzer Vortrag. Danach waren meine Zuhörer dran, sie erzählten einander, was sie in dieser kurzen Pause getan hatten.

Eine Frau hatte die übereinander gelegten Beine nebeneinander gestellt, die Füße in festem Bodenkontakt. Eine andere ließ die Schultern fallen und atmete tief durch. Ein Mann atmete ein und hielt die Luft an. Viele andere machten die Augen zu. Einige meditierten. Ein paar lauschten den Geräuschen in ihrer Umgebung.

Worauf es dabei ankam: Praktisch keiner der sechzig oder siebzig Zuhörerinnen und Zuhörer war unverändert so geblieben wie vor meiner Aufforderung. Niemand fühlte sich von vornherein präsent. So gut wie alle meinten, sie müssten etwas *tun*, um präsent zu sein.

Meditation ist nichts, was wir erst bekommen oder herausbekommen. Meditation kommt uns nicht als Ergebnis beharrlicher Anstrengung, sondern wir haben sie von Anfang an, wenn wir nur genügend Klarheit besitzen, das zu sehen. Meditieren heißt in unsere natürliche Verfassung zurückzukehren, in den Zustand der Wachheit und Einfachheit, der übrig bleibt, wenn alles Ablenkende weggefallen ist.

Jeden Morgen meditiere ich kurz, bevor ich mit dem Schreiben beginne. Wenn ich mich hingesetzt und ein paar Mal tief durchgeatmet habe, richte ich den Rücken ganz gerade, lasse die Schultern locker fallen und zähle dann die Atemzüge von eins bis vier; ich nehme einfach jedes Ausatmen zur Kenntnis, sobald es einsetzt, und sage leise zu mir selbst die Zahl. Fast immer drängen sich ein paar versprengte Gedanken dazwischen, von denen ich mich dann erst wieder lösen und immer wieder von vorn anfangen muss. Aber nach ein paar Minuten komme ich dann allmählich zur Ruhe. Ich fühle mich ganz da, wo ich bin.

Wenn dieses Stadium erreicht ist, höre ich mit dem Zählen auf und *verfolge* nur noch den Atem; ich achte auf die

Körperempfindungen bei jedem Einatmen und Ausatmen und lasse mich von diesen Eindrücken tragen – ungefähr so, wie eine Daunenfeder im Wind schwebt. Nach und nach wird diese Feder immer leichter, wie ein einzelner Löwenzahnsamen, bis sie schließlich ganz verschwindet und nur noch der Wind da ist. Wenn ich da angelangt bin, fällt auch das Verfolgen der Atemzüge ab, und ich meditiere ohne Maßnahmen oder Bilder.

Hier ist nun nichts weiter zu tun, denn ich bin nicht länger abgelenkt, weder durch Gedanken noch durch Sorgen, noch durch andere Leute, noch durch die Welt. Und doch bin ich eigenartigerweise mehr bei mir selbst, mehr bei anderen und der Welt näher als zuvor – denn jetzt bin ich endlich wirklich präsent. Ganz hier. Ganz jetzt. Es gibt keine andere Zeit.

Mit nichts anfangen

Vor zwölf Jahren flog meine Freundin Anita einmal nach Washington, D.C., um ein Wochenende bei ihrem Bruder Paul zu verbringen. Noch im Flughafen eröffnete Paul ihr, sie würden gemeinsam an einer eintägigen Klausur in einem Meditationszentrum der Stadt teilnehmen. »Das wird dir gut tun«, sagte er. Anita hatte noch nie meditiert und klärte ihren Bruder darüber auf. »Das macht nichts«, erwiderte er.

Anita erzählte mir: »Wir waren spät dran, es hat geregnet, und es blieb keine Zeit, sich vorzubereiten oder einen klaren Gedanken zu fassen. Wir waren noch in einem Burger King, und da drückt Paul mir dieses Taschenbuch über

Meditation in die Hand und sagt: ›Da, lies mal das Kapitel über Geist.‹ Du kannst dir vorstellen, dass davon nichts wirklich bei mir ankam.«

Da sie zu spät kamen, blieb keine Zeit für Anweisungen – worauf bei der Haltung zu achten war, was sie mit ihrer Aufmerksamkeit, ihrem Atem machen sollte. Alle Teilnehmer versammelten sich in einem Raum mit fünfzehn oder zwanzig Kissen und saßen dann einfach still auf dem Boden.

»Und was hast du gemacht?«, fragte ich sie.

Sie dachte eine Weile nach und sagte schließlich: »Ich glaube, ich habe stundenlang einfach auf den Boden gestarrt.«

So komisch es klingen mag, ich glaube, dass Erfahrungen dieser Art genau das sind, was uns heute fehlt, wenn wir mit dem Meditieren anfangen. Beim ersten Besuch eines Meditationszentrums wird man uns höchstwahrscheinlich zunächst einmal allerlei Routineanweisungen geben. Damit wissen wir zwar, was beim Meditieren zu *tun* ist, und das mag beruhigend wirken, aber gleichzeitig verleitet es uns auch zu dem Irrglauben, dass wir durch irgendein *Tun* zum Meditieren kommen. Für die meisten von uns kommt es beim Meditieren eher darauf an, *nicht zu tun,* was wir normalerweise tun.

Je detaillierter und präziser die ersten Meditationsanleitungen sind, desto unwahrscheinlicher wird es, dass man schon beim ersten Mal zur authentischen Erfahrung der Meditation kommt. Das ist sehr schade, denn es gibt immer die Chance des Anfängerglücks, sogar bei der Meditation – und vielleicht *besonders* hier.

Inzwischen haben Sie bereits das erste Mal meditiert, wenn auch nur fünf Minuten oder sogar nur ein paar Sekunden lang. Möglicherweise sind Ihnen ein paar Dinge aufgefallen. Zum Beispiel: Wenn man dem Körper alle seine gewohnten Beschäftigungen wegnimmt, wird er unruhig. Er weiß nicht, was er mit sich anfangen soll, wenn er nur still dasitzt. Das Gleiche passiert unserem Denkapparat, wenn man ihm all das wegnimmt, woran er sich normalerweise festhält. Wir sind so daran gewöhnt, den ganzen Tag vom Aufstehen bis zum Einschlafen eins nach dem anderen zu erledigen, dass wir kaum je eine echte Pause erleben, einen Moment, in dem wir überhaupt nichts tun.

Die meisten von uns sind beinahe ausschließlich auf diesen mehr oder weniger kontinuierlichen Strom geistiger und körperlicher Aktivität ausgerichtet. Wird dieser Strom einmal unterbrochen, bekommen wir vielleicht einen flüchtigen Eindruck von einer freieren und mehr Raum bietenden Welt. Wenn wir jedoch ein besonders gehetztes Leben führen, kann es auch sein, dass wir dann vorübergehend die Orientierung verlieren oder sogar Angst bekommen. Wir alle erleben dergleichen dann und wann. Aber unser modernes Leben scheint beinahe darauf angelegt zu sein, solchen meditativen Erlebnissen, die unser Leben bereichern und nähren, immer weniger Bedeutung beizumessen. Manchmal wird ein Leben völlig verändert durch solch einen Augenblick, durch die plötzliche Ahnung, dass ich weitaus mehr bin, als ich dachte. Doch meistens sagen wir uns nach einem Erlebnis dieser Art eher: »Mach lieber weiter, es ist noch so viel zu tun.«

Meditation ist: diese Pausen zulassen. Und die Praxis der Meditation, der wir uns allein oder in einer Gruppe widmen können, besteht darin, diese Pausen sich ausweiten und in unserem Leben zur Blüte gelangen zu lassen.

Aber was ist *in* diesen Pausen? Wie sollen wir sie überhaupt ausmachen? Und woran erkennen wir, ob wir meditieren oder nicht? Die Antwort ist einfach: Diese Pausen sind nichts als kleine Lücken in den geistigen Abläufen. Sie haben keinen bestimmten Inhalt, ja, wenn wir sie ganz direkt erleben, ist es uns für einen Augenblick so, als wäre da gar nichts. Deshalb sage ich, dass wir am besten von *nichts* ausgehen, auch wenn wir dann zu Methoden wie dem Zählen oder Verfolgen der Atemzüge übergehen. So ist vorgesorgt für vielleicht später kommende Augenblicke der Ratlosigkeit, denn zumindest wissen Sie dann, was Meditation im Grunde wirklich ist.

Setzen Sie sich in bequemer, aufrechter Haltung hin. Machen Sie sich im Augenblick keine Gedanken um die Einzelheiten der richtigen Haltung; dazu kommen wir noch. Atmen Sie einstweilen nur ganz natürlich durch die Nase ein und aus. Achten Sie auf den Atem, wie er in Ihren Körper einströmt, und dann wieder, wie er ihn verlässt.

Nachdem Sie nun das Atmen selbst wahrgenommen haben, können Sie dieses Buch schließen und zwei oder drei Minuten lang den Atem zu zählen versuchen, nur um zu sehen, wie das ist. Zählen Sie von eins bis vier, bei jedem Ausatmen eine Zahl. Bei vier oder immer wenn Sie abgelenkt werden beziehungsweise den Faden verlieren, fangen Sie wieder mit eins an. Zählen Sie nur beim Ausatmen. Gönnen Sie Ihrem Geist eine kleine Entspannungspause, wenn Sie einatmen.

Fangen Sie jetzt an.

Atemzählung

Unsere ersten Meditationserfahrungen lehren uns im Allgemeinen zumindest dies: Es ist schwierig, still zu sitzen und nichts zu tun. Wir werden ja schon ganz wirr im Kopf, wenn wir uns nur auszumalen versuchen, wie man so etwas bewerkstelligen soll. Deshalb ist es am besten, eine Meditationsperiode mit der Atemzählung einzuleiten. Dadurch wird man innerlich ruhig und klar. Die Atemzählung ist das Fahrzeug, in dem wir auf dem sturmumtosten Meer unseres Alltags bestehen können. Wenn wir uns auf diese Weise einige Minuten lang eingestimmt haben, fällt uns die Sammlung wesentlich leichter. Körper und Geist verbinden sich zu dem gemeinsamen Unterfangen. So wird es leichter, einfach da zu sein, wo wir sind.

Der thailändische Meditationslehrer Ajahn Chah hat einmal gesagt: »Es gibt Menschen, die geboren werden und sterben, ohne auch nur einmal den Atem beachtet zu haben, wie er in ihren Körper einströmt und ihn wieder verlässt. So fern von sich selbst leben sie.« Wenn Sie bis jetzt noch nie auf Ihren Atem geachtet haben – nur auf den Atem selbst, den Atem als Atem –, dann haben Sie jetzt eine wichtige Schwelle überschritten. Sie gehören nicht mehr zu denen, die Ajahn Chah meinte.

Das Eingehen auf den Atem ist der Zugang zur Welt der Meditation. Das trifft, mehr oder weniger, auf alle spirituellen Traditionen der Welt zu. Das zeigt sich sogar an etymologischen Verbindungen wie etwa der Verwandtschaft zwischen dem Wort »Atem« und dem altindischen »Atman«, dem »wahren Selbst«, oder an der ursprünglichen Bedeutung des Wortes »Inspiration«, nämlich »Einhauchung«; in der medizinischen Fachsprache sind heute noch die Begriffe »Inspiration« und »Expiration« für das Ein- und Ausatmen gebräuchlich.

Indem wir uns auf den Atem sammeln und Augenblick für Augenblick bei ihm bleiben, bringen wir Körper und Geist an einem Ort in Raum und Zeit zusammen – in der Gegenwart. Aber wie halten wir sie da? Im Leben sind Ablenkungen schließlich nicht die Ausnahme, sondern die Regel – wie also halten wir den Geist auf etwas so Simples wie den Atem gesammelt?

Hier kommt das Zählen ins Spiel. Sie haben vermutlich bemerkt, dass Sie beim Zählen leichter meditieren können, als wenn Sie gar nichts tun. Sie haben etwas, worauf Sie sich ausrichten können – und wohin Sie zurückkehren können, wenn Sie abgelenkt werden und den Faden verlieren.

Vielleicht konnten Sie eine oder zwei Minuten lang mühelos Ihre Atemzüge zählen, ohne abgelenkt zu werden oder das Zählen zu vergessen. Wenn Sie diese Übung weiterhin machen wollen, werden Sie jedenfalls feststellen, dass das Zählen manchmal leicht fällt und manchmal schier unmöglich ist, aber immer der Ort bleibt, von dem man ausgeht.

Später werden wir noch das einfache Verfolgen des Atems und schließlich das Meditieren ohne jegliche Methode üben. Doch selbst dann werden Sie dabei bleiben, jede Meditation mit einigen Minuten der Atemzählung einzuleiten – genauso wie man ein Haus betritt, indem man durch die Tür geht. Die Atemzählung wird Sie stets daran erinnern, zur Ruhe zu kommen und präsent zu sein. Sie erinnert Sie auch daran, das Leben so einfach wie möglich zu nehmen – immer nur einen Augenblick.

Erfolg und Misserfolg

Wir beginnen damit, dass wir uns etwas sehr Einfaches zu tun gestatten, nämlich jeden ausströmenden Atemzug von eins bis vier zu zählen und am Ende dieses Zyklus – oder wenn wir abschweifen und den Faden verlieren – wieder bei eins anzufangen. Das ist alles, was Sie wissen müssen, um mit dem Meditieren anzufangen. Dies ist die Grundlage für alles weitere.

Sofern es gelingt.

Tatsache ist nämlich, dass wir auf eine wichtige Wahrheit stoßen, sobald wir auf diese Weise nach Ruhe und Klarheit des Geistes streben: Wir sind so oft zerstreut und von Gedanken und Sorgen oder von plötzlichen Impulsen wie »Huch, ich muss Mama noch anrufen« abgelenkt, dass es schier unmöglich ist, irgendetwas auf direkte und einfache Weise zu tun. So besteht die erste Lektion der Meditation denn in der Regel im Misserfolg, und das ist in gewisser Weise die wichtigste aller Lektionen.

Wenn die Zählung des Atems von eins bis vier uns mehrmals missglückt ist, wird uns erst richtig klar, wie nötig wir das Meditieren haben. Wir bekommen ein Gefühl für die Sprunghaftigkeit unseres Geistes. Wir bemerken auch schneller, wann wir beispielsweise überdreht, abgelenkt oder müde sind. Das sieht noch nicht nach viel aus, aber es ist nun mal so, dass wir häufig nicht viel Kontakt zu unseren Emotionen und unserer Geistesverfassung haben.

Dieses neue Bewusstsein, wie leicht wir abzulenken sind und wie unstet unser Geist in seiner ganzen Art und in seinen Inhalten ist, wird zur Grundlage unserer Meditationspraxis. Es ist also gar nicht nötig, schon im ersten Anlauf perfekt zu meditieren. Vergegenwärtigen wir uns lieber unsere tatsächliche Geistesverfassung, um daraus ein starkes Fundament für unsere Praxis zu machen. Deshalb kommt es, wenn Sie meditieren, darauf an, dass Sie sich kein Versagen vorwerfen. Das Versagen ist lediglich der Augenblick, in dem Ihre Bewusstheit an Schärfe gewinnt und Sie wieder bei eins anfangen.

Das ist eine schwierige Lektion. Wir sind alle so zielorientiert, so darauf abgerichtet, jedes neue Unterfangen unter dem Gesichtspunkt von Erfolg und Misserfolg zu betrachten. Doch das »Ziel« der Atemzählung besteht zwar darin, dass wir unsere Atemzüge von eins bis vier zählen, ohne aus dem Tritt zu kommen, aber wirklich hellwach und bewusst werden wir häufig gerade dann, wenn wir merken, dass wir abgeschweift sind, um dann entschlossen einen neuen Anlauf zu nehmen und mit eins zu beginnen.

Es mag Ihnen so vorkommen, als wäre das gar nichts, dieses Zurückkehren zu eins, wenn Ihr Geist abschweift oder Sie die Zählung vergessen haben. Aber etwas geschieht doch. Sie knacken das Muster des automatischen Denkens, das bisher Ihr Leben beherrscht hat. Nur indem Sie zum Atem zurückkehren und von eins bis vier zählen, demonstrieren Sie sich, dass Sie Herr im eigenen Hause sind.

Daran ist nichts Esoterisches. Sooft Sie meditieren, können Sie beobachten, wie das funktioniert. Und ganz allmählich werden Sie in Ihrer inneren Verfassung etwas Lichteres und Freundlicheres entdecken. Vielleicht stellen Sie sogar fest, dass es doch nicht gar so schwierig ist, ein glückliches und produktives Leben zu führen. Immer deutlicher werden Sie sehen, dass viele Ihrer Kümmernisse hausgemacht sind und das generelle Ungenügen der Welt damit zu tun hat, dass wir nicht wirklich *bei* ihr und *in* ihr sind, hier und jetzt. Sobald es dazu kommt, werden Sie erkennen, dass Meditation, so schwierig sie am Anfang erschien, nichts weiter als ein Zurückkommen ist: dorthin, wo Sie sind.

Die richtige Art zu atmen

Betrachten Sie einmal Ihren Atem, eben jetzt, während Sie dieses Buch lesen. Ist er flach? Tief? Langsam oder schnell? Wie Ihre Antwort auch ausfällt, das ist die richtige Art zu atmen.

Damit will ich nicht sagen, dass Sie immer so atmen werden, wenn Sie meditieren, sondern dass es kein richtiges oder falsches Atmen gibt. Es gilt zu zählen und nicht, den Atem zu manipulieren. Wenn Sie Ihren Atem manipulieren, wie es bei bestimmten Yoga-Formen geschieht, werden Sie vielleicht einen veränderten Bewusstseinszustand herbeiführen. Wenn Sie sehr schnell und flach atmen, können Sie sich benommen oder sehr erregt fühlen; atmen Sie dagegen langsam und tief, könnten auch Ihre Gedanken in ein Kriechtempo fallen. Weder das eine noch das andere hat irgendetwas mit Meditation zu tun.

Viele meinen, dass Meditation von erhabener Ruhe sei (oder sein solle), sehr still und stetig wie ein Kreuzfahrtschiff auf spiegelglatter See. Und es ist natürlich wunderbar, wenn das von selbst geschieht. Aber Sie werden sich sehr wahrscheinlich Schwierigkeiten einhandeln, wenn Sie versuchen, diesen Zustand herbeizuführen; dann werden Sie nämlich ziemlich viel Zeit für die Entwicklung der physischen und mentalen Technologie aufwenden müssen, mit der Sie diesen Zustand herstellen und in Gang halten können. Und selbst wenn Sie das schaffen, es wird Ihnen nicht viel bringen, es sei denn, Sie wollten ein Himalaja-Einsiedler werden. (Wie ich gehört habe, lassen solche Einsiedler sich manchmal in ihrer Höhle einmauern; es bleibt nur ein kleines Loch, durch das ihnen das Essen hineingereicht wird. Sie werden von den Bewohnern der Gegend jahrelang mit Nahrung versorgt, während sie nichts anderes tun, als zu meditieren.)

Denken Sie stets daran, dass der Atem etwas Lebendiges ist und sich daher von einem Augenblick zum nächsten ändert. Das ist auch gut so, denn stellen Sie sich vor, Sie sollten beim Laufen langsam und tief atmen. Sie kämen dann nicht sehr weit. Lassen Sie sich also gar nicht erst auf Vorstellungen vom »richtigen« Atmen ein. Sollten Sie an eine der östlichen Philosophien glauben, die da sagen, das Geheimnis von Gesundheit und Glück liege in der richtigen Kanalisierung der Atemenergie, dann ist dagegen soweit nichts einzuwenden. Nur beschäftigen Sie sich bitte nicht ausgerechnet beim Meditieren damit. Widmen Sie sich dieser Praxis in der angemessenen Weise, nur eben zu einer anderen Zeit.

Ungeachtet dieser Mahnung werden Sie vermutlich feststellen, dass Ihre Atmung von selbst fließender und entspannter wird, wenn Geist und Körper erst einmal zur Ruhe gekommen sind. Es kann sogar sein, dass sie deutlich langsamer wird und sich mitunter auch tiefer anfühlt. Das ist ein gutes Zeichen, aber nichts, worauf man aus sein sollte. Wie der Golf-Profi Harvey Penick sagt: »Egal, was du tust, versuch nicht, dich zu entspannen.«

Willentliche Entspannung und bewusstes Tiefatmen würden den Atem genauso verklemmt machen wie den Golfschlag. Viel besser ist es, einfach die richtige Haltung einzunehmen und Geist und Körper durch das Zählen der Atemzüge auf Meditation einzustimmen.

Wo die Aufmerksamkeit sein soll

Beim Meditieren ist es ganz natürlich, dass man etwas haben möchte, worauf man die Aufmerksamkeit richten kann. Die meisten Lehrer möchten bei der Meditation nichts dem Zufall überlassen und neigen deshalb dazu, Brennpunkte der Aufmerksamkeit vorzugeben. Die Sache ist nur die: Auf welchen Bereich Ihres Körpers Sie Ihre Aufmerksamkeit auch richten, sie wird doch überall herumstreunen. Deshalb glaube ich, dass es besser ist, die Aufmerksamkeit sich dort sammeln zu lassen, wo sie sich natürlicherweise sammeln möchte. So verlieren Sie Ihre Sammlung nicht, wenn die Aufmerksamkeit sich aus irgendeinem Grund anderswo niederlassen möchte.

Lassen Sie mich aber kurz darstellen, was passieren kann, wenn Sie die Aufmerksamkeit zu sehr auf bestimmte Bereiche fixieren. Wenn sie an der Stelle zwischen den Augenbrauen haften bleibt, können Kopfschmerzen oder ein leichter Schwindel die Folge sein. Ist es die Stelle gleich unterhalb des Nabels, so kann hier geradezu ein Sog entstehen; man fühlt sich derart gefestigt und obenauf, dass man im Handumdrehen rechthaberisch und stur, wenn nicht gar aggressiv wird. Verharrt die Aufmerksamkeit auf dem Scheitel, wird Ihnen bald transzendent zumute sein. Mit Meditation haben freilich all diese Empfindungen nicht viel zu tun. Sie sind lediglich herbeigeführte Bewusstseinszustände, an denen man leicht hängen bleibt.

Meditation ist nicht dazu da, dass man sich in irgendeine Geistesverfassung verrennt. Meditation bleibt nirgendwo hängen. Nur darauf kommt es an.

Möchten Sie verhindern, dass bestimmte geistige und körperliche Zustände sich festsetzen, ist es recht nützlich, die Augen beim Meditieren halb geöffnet zu halten. Wenn Sie den Blick entspannt auf einer Stelle etwa zwei Meter vor sich auf dem Boden ruhen lassen, wird es Ihnen leichter fallen, Ihr inneres Gleichgewicht und Ihre Nüchternheit zu wahren. Mit offenen Augen werden Sie auch weniger zum Einschlafen oder Tagträumen neigen – oder zum Entschweben aus der Wirklichkeit.

Ein Wort zur Haltung

Bis jetzt habe ich noch nichts über die Haltung gesagt, die für manche ja das Geheimnis der Meditation darstellt. Das hat seinen Grund.

Die Haltung ist etwas, womit viele Menschen Probleme haben, wenn sie mit dem Meditieren anfangen. So wichtig es ist, den Rücken gerade zu halten, es bringt nichts, sich damit verrückt zu machen. Und es ist gewiss nicht der einzige und ausschlaggebende Faktor, von dem abhängt, ob Sie meditieren können oder nicht. Ich weiß von einem berühmten Zen-Meister, der als Kind einen Unfall erlitten hatte und deshalb seine Wirbelsäule nie völlig gerade ausrichten konnte. Deshalb war sein Kopf immer ein wenig zur Seite geneigt. Schülern, die von Schwierigkeiten beim Meditieren berichteten, sagte er: »Wenn ich es kann, können Sie es auch.«

Mein erster richtiger Meditationslehrer gab mir im ersten Jahr nur eine einzige Anweisung, und die war sehr kurz: »Sitzen Sie.« Wäre ich in dem Zen-Kloster geblieben, in dem er lebte, hätte ich sicher mit mehr rechnen dürfen. Aber die Umstände wollten es so, dass ich gleich wieder nach Hause fuhr, meine ganze Begeisterung an diesen beiden Worten festmachend.

Natürlich hatte ich keine Ahnung, wie man es anfängt. Aber ich besaß ein paar Bücher über Meditation, und deren gemeinsamer Nenner schien mir zu sein, dass man am besten in der vollen Lotoshaltung sitzt (die Beine so übereinander geschlagen, dass die Füße auf dem jeweils gegenüberliegenden Schenkel ruhen). In dieser Haltung zwang ich mich also zu sitzen.

Und *zwingen* ist der richtige Ausdruck, denn mein Körper mochte das überhaupt nicht. Ich machte aber vor jeder Meditationsperiode Streckübungen und brachte meine Beine schließlich dazu, so etwas wie die Haltung eines Buddha einzunehmen und diese Haltung allmählich bis zu zwanzig Minuten zu ertragen.

Aber es tat entsetzlich weh! Ich zählte meine Atemzüge nicht von eins bis zehn, wie es in der Zen-Tradition üblich ist, sondern von eins bis hundert, was ungefähr zwanzig Minuten dauerte. Nur so konnte ich dem Schmerz irgendwie standhalten.

Als ich ein paar Jahre später an meiner ersten längeren Meditationsklausur im Kloster teilnahm, konnte ich vierzig Minuten lang ununterbrochen in der Lotoshaltung sitzen. Ohne Tränen. Aber vierzig Minuten und dann wieder vierzig Minuten und wieder vierzig Minuten, den ganzen Tag lang? Und das sieben Tage?

Am dritten Tag waren meine großen Zehen an der Oberseite taub geworden (und das Gefühl ist seither nicht mehr zurückgekehrt). Mir war klar, dass ich das keine sieben Tage durchhalten würde. Ich sagte meinem Lehrer, ich könne nur weiterhin an der Meditation teilnehmen, wenn man mich auf einem Stuhl sitzen lasse. Er sagte: »Ich habe mich schon gefragt, wann Sie endlich darauf kommen würden, dass es hier nicht um perfekte Haltung geht. Wir machen hier ja keinen Benimmkurs.«

Für unsere Zwecke taugt grundsätzlich jede Haltung, in der Sie bequem fünfzehn bis zwanzig Minuten meditieren können. Nach der in Jahrhunderten gewonnenen Erfahrung ist aber eine Haltung anzustreben, in welcher der Rücken gerade gehalten wird, die Schultern locker sind und der Kopf weder gedreht noch zu einer Seite geneigt ist.

Die Hände sind so zu halten, dass sie nicht stören. Das bedeutet im Normalfall, dass sie im Schoß abgelegt werden, Handflächen nach oben. Sie können sie aber auch mit der Innenseite nach unten auf die Oberschenkel oder Knie legen.

Das Wichtigste ist der entspannt aufrechtgehaltene Rücken. Das macht beim Meditieren alles leichter. Der Atem geht leichter, die Haltung wird nicht so schnell unbequem oder ermüdend, und man bleibt besser wach. Das Sitzen mit geradem Rücken fühlt sich auch einfach besser an.

Als der japanische Meister Dogen aus China zurückkehrte, wo er sich im Zen geschult hatte, fragte ihn jemand: »Was bringt Ihr mit?« Er sagte: »Die Augen waagerecht, die Nase senkrecht.« Das ließe sich deuten als »Gute Haltung«. Es könnte auch heißen: »Mir wurde der Kopf zurechtgesetzt.« Eine dritte Deutung wäre: »Ich habe gelernt, bei meinem Umgang mit der Welt aufrecht und ehrlich zu sein.« Vermutlich bedeuten Dogens Worte, dass das Geheimnis der Meditation im Sitzen mit aufrechtem Körper besteht.

Ich habe gesagt, man solle sich nicht zwanghaft mit allen Details der Meditationsübung plagen. Das heißt nun aber nicht, dass die Details unwichtig wären. Aber plagen Sie sich nicht unnötig mit ihnen. »Augen waagerecht, Nase senkrecht.« Lassen Sie es so einfach bleiben, und alles wird sich daraus ergeben.

Körper und Geist

Nehmen Sie sich ein paar Minuten Zeit für Gedanken zur richtigen Haltung bei der Meditation. Soviel ist klar, dass es vor allem auf den gerade gehaltenen Rücken ankommt. Aber was heißt das eigentlich?

Halten Sie sich die Form des Rückens vor Augen. Bei den meisten Menschen finden wir gleich oberhalb des Gesäßes eine Krümmung nach innen, darüber wölbt sich der Rücken in größerem Bogen nach außen und schließlich wieder einwärts bis zum Halsansatz. Das ist der normale Verlauf der Wirbelsäule, der bei den meisten Menschen anzutreffen ist, aber durchaus nicht bei allen. Viele leiden zum Beispiel an seitlichen Verkrümmungen der Wirbelsäule; andere, die vielleicht etliche Jahre den Streitkräften oder einem Ballett angehört haben, werden die normale Rückenkrümmung bis zu einem gewissen Grad eingebüßt haben. Dann gibt es auch Menschen, die viele Jahre eine Büroarbeit verrichtet haben und kaum noch eine normale Krümmung der Lendenwirbelsäule aufweisen. Es empfiehlt sich also nicht, ein und dieselbe Haltung als die für alle Meditierenden einzig richtige anzusehen.

Wenn wir sagen, dass man beim Meditieren mit aufrechtem, geradem Rücken sitzen soll, dann bedeutet das nicht »wie ein Ladestock«. Betrachten Sie einmal Ihren eigenen Körper. Wie viele gerade Linien sehen Sie da? Nicht viele. Je mehr Erfahrung Sie mit der Meditation gewinnen, desto deutlicher werden Sie sehen, dass ein gerader Rücken nicht mit der Richtlatte zu messen, sondern an der Geistesverfassung abzulesen ist.

Wenn Ihre Schultern zu sehr nach vorn hängen, atmen Sie gepresster und der Kreislauf kommt ins Stocken. Sie ermüden in dieser Haltung sehr schnell. Wenn Ihr Kinn in Richtung Brust sinkt, werden Sie bald tagträumen oder sogar einschlafen. Neigt der Kopf sich nach links oder rechts, werden Sie das Gefühl bekommen, aus dem Gleichgewicht zu sein. Wenn der Körper sich seitlich oder zu weit nach vorn oder hinten neigt, werden Sie mit Muskelkraft dagegenhalten müssen, und diese Muskeln werden sich nach einiger Zeit schmerzhaft bemerkbar machen.

Sobald alle diese Hindernisse nicht mehr auftreten, wissen Sie, dass Sie mit geradem Rücken sitzen. Wenn Sie nicht in einem Spiegelsaal sitzen oder Fotos von sich machen lassen, können Sie sich nur auf diese Art Gewissheit verschaffen.

Zu der für Sie richtigen Meditationshaltung gelangen Sie also am besten, indem Sie Ihre Geistesverfassung in ihrer Abhängigkeit von der Körperhaltung beobachten. Wenn Sie zum Beispiel feststellen, dass die kniende Haltung auf einem Meditationsbänkchen Ihre Muskeln entlastet und Sie wacher macht, dann sollten Sie knien. Wenn Sie in einer Haltung mit überkreuzten Beinen sitzen, etwa der halben Lotos-Haltung, bei der nur ein Fuß auf dem anderen Oberschenkel liegt, dann versuchen Sie ganz am vorderen Rand Ihres Kissens zu sitzen. So können die Knie am Boden aufliegen, und Sie gewinnen eine stabilere Haltung. Aber probieren und experimentieren Sie selbst.

Vielleicht sind Ihre Beine zu steif oder zu muskulös für eine der Lotos-Varianten. In dem Fall wird Ihnen das Sitzen auf dem Meditationskissen vorkommen wie der Versuch, auf einem Basketball zu balancieren. Versuchen Sie es dann lieber mit einem Stuhl oder Schemel. Wenn Sie ein kleines Kissen nur unter den hinteren Teil Ihres Gesäßes schieben, können Sie auch auf einem Stuhl dieses Gefühl des satten Aufliegens und der Stabilität gewinnen.

Das Wichtigste, woran Sie bei der Frage nach der richtigen Meditationshaltung immer denken müssen, ist ... richtig für *wen?* Wenn Sie irgendeine Haltung nachmachen wollen, die Sie in einem Buch gesehen haben, werden Sie gleich in Schwierigkeiten kommen, denn an der Meditation ist alles – auch etwas so objektiv wirkendes wie die Haltung – gänzlich subjektiv. Sie müssen bei allem Ihre ganz eigene Art herausfinden. Experimentieren Sie also und Sie werden bald herausfinden, wie Sie am besten sitzen. Denn es gibt einen Punkt, an dem Körper und Geist plötzlich zusammenfinden und eins werden, hier und jetzt. Wenn das geschieht, wissen Sie, was »mit gerader Wirbelsäule sitzen« für Sie bedeutet.

Nehmen Sie eine der Haltungen für die Meditation ein: auf einem Stuhl, mit überkreuzten Beinen oder kniend. In jeder dieser Haltungen werden Sie wohl ein Kissen, ein Bänkchen oder sonst etwas Geeignetes unter dem Gesäß brauchen, damit Sie stabil sitzen und der Rücken nicht einsackt. Wenn

Sie ein Kissen brauchen, dann holen Sie es sich jetzt, bevor wir anfangen.

Sobald Sie sitzen, atmen Sie tief ein und dann kräftig durch den Mund wieder aus. So wird man schon einige der angesammelten Spannungen los. Jetzt lassen Sie Ihre Schultern locker fallen und legen die Hände ineinander (Handflächen nach oben) in den Schoß oder auf die Oberschenkel beziehungsweise Knie (Handflächen nach unten).

Lassen Sie den Oberkörper seitwärts hin und her schwingen, zuerst in größeren, dann in immer kleineren Pendelbewegungen, bis er schließlich ganz gerade, senkrecht zum Boden, zur Ruhe kommt. Wenn Sie ein Bild brauchen, um diesen Vorgang zu visualisieren, können Sie sich eine Kompassnadel vorstellen, die einige Male hin und her schwingt, bis sie ganz ruhig nach Norden weist.

Empfinden Sie Ihre Haltung jetzt als stabil? Wenn ja, dann lassen Sie den leicht gesenkten Blick auf einer Stelle vor sich am Boden ruhen. Ist der Kopf verdreht oder geneigt? Falls es so ist, dann richten Sie ihn jetzt aus.

Sobald Sie die für Sie richtige Haltung gefunden haben, entspannen Sie sich ein wenig – nicht so sehr, dass Ihr Körper seine Ausrichtung verliert, aber weit genug, um natürlich atmen zu können.

Jetzt können Sie anfangen. Durch das Einnehmen dieser Haltung haben Sie sogar schon angefangen. Aber davon wird später noch die Rede sein.

Fangen Sie jetzt an.

Der richtige Ort

Erst als ich das Kloster verließ und meinen Lebensunterhalt wieder selbst zu verdienen begann, fiel mir auf, dass mein Meditieren all die Jahre wie eines dieser Bonsai-Bäumchen gewesen ist – etwas Exotisches, unter genau festgelegten Bedingungen herangezogen, nach der Ästhetik einer anspruchsvollen Disziplin beschnitten, aber alles in allem ein Zimmerpflänzchen, das im Freien nicht als Baum überleben könnte.

Man könnte auch sagen, dass Meditation unter Laborbedingungen stattfindet. Daran gibt es nichts zu deuten. Meditation beginnt als etwas sehr Selbstbezogenes, vielleicht der ichhafteste Akt überhaupt, denn man betrachtet ja seinen eigenen Geist. Das Problem ist hier das Gleiche wie in der Quantenphysik, wenn man subatomare Teilchen zu beobachten versucht: Das Beobachten verändert sie oder zumindest ihr Verhalten.

Von den Rahmenbedingungen, die wir für die Meditation setzen, hängt sehr weitgehend ab, von wie großem oder begrenztem Nutzen sie sein wird. Der Quantenphysiker hätte keine Probleme, wäre die ganze Welt ein Labor. Auch ein Mönch oder eine Nonne würde sich in der realen Welt ohne weiteres zurechtfinden, wenn sie nach klösterlichen Regeln organisiert wäre. Nach Jahren des Tempellebens musste ich bei meiner Rückkehr in die Außenwelt ganz von vorn anfangen.

Für den Nutzen Ihrer Meditation kommt es sehr darauf an, wo Sie meditieren. Mit »wo« meine ich aber nicht bestimmte Räumlichkeiten in Ihrem Zuhause oder die Frage, wie laut oder still es in der Umgebung Ihres Meditationsplatzes ist. Ich meine einfach, dass Sie in dem Leben, das nun mal Ihres ist, meditieren müssen. Wenn Sie Buchhalter sind, dann meditieren Sie in diesem Buchhalter-Leben. Wenn Sie Polizist sind, dann eben darin. Wo auch immer Sie Licht in Ihr Leben bringen möchten: meditieren Sie genau da.

Der Mythos der Stille

Sorgen Sie möglichst für eine ruhige Atmosphäre bei der Meditation, aber denken Sie nicht, dass Stille und Meditation dasselbe sind. Dann werden Sie nämlich nicht meditieren können, wenn Ihnen der Magen knurrt. Und wenn jemand anderes unruhig hin und her rutscht, werden Sie sich gestört fühlen und ärgerlich sein. Echte Stille hat damit wenig zu tun.

Ich habe mal eine Sendung gesehen, in der Nobelpreisträger interviewt wurden. Die meisten dieser Gespräche fanden in Räumlichkeiten statt, die so aussahen, wie man sich das Arbeitszimmer eines Professors vorstellt. Dann kam aber ein Interview mit einem indischen Physiker, das bei ihm zu Hause aufgenommen worden war. Und hier, so war dann zu erfahren, ging er auch tatsächlich seiner Arbeit nach.

In einem Abschnitt des Gesprächs ging es um Quarks und schwarze Löcher, und dabei sah man die Frau des Physikers, die gerade Tee kochte, im Hintergrund hantieren. An einer anderen Stelle rannten mehrere Kinder zwischen ihm und der Kamera hin und her und rissen dabei sogar Sachen von seinem Schreibtisch. Und ganz offensichtlich arbeitete er alle Tage unter diesen Umständen. Ein- oder zweimal war ihm anzumerken, dass er die Kinder jetzt nicht unbedingt um sich haben wollte, aber er hatte keine Mühe, den Faden seiner komplexen Gedankengänge während des Interviews zu halten.

Vielleicht, dachte ich, fand dieser Mann die Atmosphäre in einem Arbeitsraum an der Universität erdrückend und widmete sich dem kreativen Teil seiner Arbeit deshalb lieber zu Hause. Es ging hier wirklich nicht gerade leise zu, aber für ihn war es wohl die richtige Umgebung. Vielleicht fand er gerade hier am leichtesten Zugang zu seinen tiefsten Gedanken.

Worauf man sitzt

Jeder Golf-Profi kennt sie, die Typen, die mit einer Ausrüstung im Gegenwert von etlichen Tausendern aufkreuzen, dann aber kaum auch nur den Ball treffen. Ähnliches gilt für das Meditieren: Vom richtigen Kissen, den richtigen Räucherstäbchen oder einer schönen Klangschale hängt es nicht ab, ob Sie gut meditieren oder nicht. Anfangs dürfte es sogar eher von Vorteil sein, wenn Sie möglichst wenig Ablenkendes dieser Art um sich haben.

Wirklich wichtig ist nur, dass Sie eine bequeme Sitzunterlage haben. Eine gefaltete Decke könnte fürs Erste genügen. Natürlich können Sie auch die Dinge verwenden, deren man sich hier traditionell bedient – ein Meditationskissen, ein Meditationsbänkchen oder einen Gebetsteppich; alles ist recht, wenn es Ihnen dazu verhilft, dass Sie fünfzehn bis zwanzig Minuten lang still sitzen können. Wichtig ist nur, dass man sich nicht übermäßig mit den notwendigen Ausrüstungsgegenständen beschäftigt.

Mein erster Lehrer, Deh Chun, besaß gar nichts dergleichen. Früh am Morgen setzte er sich einfach aufrecht auf sein Bett, legte die Beine übereinander und meditierte ohne alle Formalitäten. Der einzige Ritualgegenstand, den ich je in seinem Häuschen sah, war eine billige Statue der Guanyin (Bodhisattva des Erbarmens). Sie war beinfarben und wie fast alles andere in dem kleinen Haus nicht so ganz sauber. Als ich Jahre später in Manhattan wohnte, sah ich genau die gleiche Statue einmal in Chinatown. Sie stand in einem Schreibwarenladen auf dem Regal, zusammen mit zwanzig oder dreißig anderen. Sie kostete knapp sechs Dollar.

Machen Sie jetzt eine Pause, und achten Sie auf Ihren Atem, bevor Sie weiterlesen.

Was haben Sie getan, um sich des Atmens bewusst zu werden? Tief eingeatmet? Durch die Nase? Haben Sie den Rücken gestreckt? Überlegen Sie kurz, was Sie in diesen ein, zwei Sekunden gemacht haben, bevor Sie beim Atem ankamen.

Was auch immer Sie gemacht haben, war es nicht unnötig? Der Atem ist doch immer da. Um ihn zu finden, muss man ihn nur da aufsuchen, wo er ist, nämlich hier und jetzt, einströmend und ausströmend, sogar während Sie diese Worte lesen. Der Trick – und ich zögere bei diesem Wort, denn eigentlich gibt es da gar keinen Trick – besteht darin, unmittelbar zu sehen, was da ist.

Einmal habe ich zu meinem Meditationslehrer gesagt, es falle mir schwer, meinen Atem zu finden. Er musste derart lachen, dass ich schon fürchtete, er werde von seinem Kissen fallen. Und er hatte natürlich Recht. Ich atmete ja ein und aus, während wir sprachen.

Die Schlüssel finden

Jeder wird schon mal erlebt haben, dass er etwas suchte, was er schon in der Hand hielt. Bei mir sind es meist die Autoschlüssel. Wenn es passiert, kommt unweigerlich ein Augenblick höchster Frustration, wenn ich alles abgesucht habe, und die Schlüssel immer noch nicht aufgetaucht sind. Ich verkrampfe mich. Ich wünsche mir einen Schuldigen, meine Frau zum Beispiel, der die Schlüssel verlegt hat. Oder mir ist einfach, als würde ich jeden Moment aus der Haut fahren.

In dem Augenblick wird mir dann für gewöhnlich bewusst, dass ich die Schlüssel schon die ganze Zeit in der Hand halte. Das ist dann wie das Aufwachen aus einem Albtraum – die Schlüssel waren gar nicht weg, ich hatte sie in der Hand.

Wenn so etwas passiert, kommen wir uns im ersten Augenblick ein bisschen dämlich vor, aber gleich beschäftigen wir uns mit etwas anderem und verpassen die Lektion wieder mal. Es wird uns wieder passieren. Vielleicht dauert es einen Monat oder länger, aber es wird passieren.

So läuft das beim Meditieren auch, nur dass wir hier tage-, wochen-, monate- oder jahrelang den Atem suchen, bevor uns aufgeht, dass er stets und ständig da war. Die Lektion des gegenwärtigen Augenblicks beinhaltet, dass das, was wir suchen, *immer* schon hier in unserer Hand ist. Es ist *nie* irgendwo anders. Von diesem Punkt gehen wir bei jeder Meditation aus: Zuerst erinnern wir uns selbst daran, dass wir nur ein Ziel haben, nämlich präsent zu sein; dann machen wir uns klar, dass wir schon präsent sind, ob wir es realisieren oder nicht; und drittens bringen wir uns so weit zur Ruhe, dass wir den Atem von eins bis vier zählen können – um dessen, was immer schon unser ist, ganz innezuwerden.

Anfängerglück

Wenn wir uns zum Meditieren hinsetzen, sind wir sofort präsent. Normalerweise merken wir es aber nicht. Es entwischt uns, bevor wir uns ganz darauf einlassen können. Einen Augenblick später verhaspeln wir uns in den *Gedanken,* präsent zu sein, und die tatsächliche Präsenz scheint unerreichbar. Warum ist das so?

Wenn wir uns zum Meditieren hinsetzen, geschieht das zunächst in einem Gefühl des Unbelastetseins, der Offenheit gegenüber dem, was passieren wird. Wir haben noch nicht angefangen, noch nicht überlegt, was genau nun zu geschehen hat. Einen Augenblick später mischt sich jedoch das Denken ein: »Ah ja, jetzt wird meditiert. Sammeln wir uns also. Zählen wir die Atemzüge von eins bis vier.« Und das trifft ja auch zu; all dessen bedarf es, wenn wir meditieren wollen.

Das Kunststück besteht jedoch darin, dass wir den ersten Augenblick gleich erwischen und sofort zu meditieren anfangen, ohne dass Gedanken eine Lücke finden, in die sie eindringen können. Einfach anfangen. Man braucht sich nicht erst selbst dazu aufzufordern. Nicht erst sagen: »Jetzt werde ich es tun.« Sondern einfach tun.

Wenn Sie das ein paar Mal probiert haben, werden Sie eine Instanz kennen lernen, die unter Meditierenden als »der Beobachter« bekannt ist. Der Beobachter möchte alles in der Hand haben, alles beherrschen. »Gut, gut«, sagt er, »jetzt wirst du also meditieren. Komm, ich zeig's dir. So macht man das.« Dann überwacht und kommentiert er Ihre Fortschritte. Wenn er meint, dass Sie sich anstellig zeigen, wird er sich lobend äußern: »So ist es gut. Heute hast du es richtig gemacht.« Und wenn nicht, dann sagt er vielleicht: »Nein. Du tust nicht, was man dir sagt.« Wenn Sie aber gleich anfangen zu meditieren, dann hat der Beobachter nichts zu melden.

Denken Sie es sich als Anfängerglück. Wir alle haben dieses Glück, auch wenn wir schon viele Jahre meditieren. Es gibt in uns etwas, dem ichbefangene Gedanken nicht in die Quere kommen können, einen Teil, der immer geistesgegenwärtig ist und die Dinge sehr einfach und direkt zu tun vermag. Jeder wird diesen Teil schon einmal in Aktion erlebt haben. Ein Beispiel: Sie beteiligen sich zum ersten Mal an einem Dart-Spiel und treffen gleich ins Schwarze. Man beglückwünscht Sie. Jetzt möchten Sie natürlich, dass Ihnen das beim nächsten Wurf wieder gelingt. Sie nehmen sich Zeit, Sie suchen die optimale Wurfstellung, Sie zielen sorgfältig – und treffen nicht einmal die Scheibe. So läuft das.

Eben darin besteht das Geheimnis der Meditation: zu wissen, dass wir alle diesen Kern der Unerschütterlichkeit und Ruhe haben und unmittelbar von dort aus handeln können, ohne uns selbst zwanghaft zu überwachen, ohne uns erst zu sagen, was zu tun ist. Wir alle haben das Anfängerglück und können uns seiner jederzeit bedienen.

Der Autopilot

Früher, als ich noch Anleitungen zur Meditation gab, kam immer mal jemand, unweigerlich ein Anfänger, der mir erzählte, er sei sehr erfolgreich beim Atemzählen: »Ich verliere fast nie den Faden. Es ist wirklich so easy.«

Wenn man sich mit dem Meditieren sehr schwer tut, dann heißt das im Allgemeinen, dass man seine Leichtigkeit und Gelöstheit verloren hat; geht es aber gar zu leicht, bedeutet das vielfach, dass man ein bisschen auf den Boden zurückkommen muss. Es könnte nämlich sein, dass Sie nicht wirklich bei der Sache sind und infolgedessen eher automatisch zählen und nur ein Teil Ihres Geistes in Anspruch genommen ist. Ist das der Fall, haben Sie sich einen »Autopiloten« zugelegt: ein Teil Ihres Bewusstseins besorgt die Meditation, während Sie selbst anderweitig beschäftigt sind.

Mit Sicherheit ist der Autopilot dann in Aktion, wenn Sie an alles Mögliche denken können, ohne dabei den Atem aus den Augen zu verlieren. Hätten Sie sich wirklich auf den Atem gesammelt, wäre das nicht möglich. Dann würden Sie nämlich, sobald sich ein Gedanke einstellt, sofort den Faden der Zählung verlieren und müssten bei eins anfangen. Auch mir passiert das hin und wieder noch, und dann erinnere ich mich immer an Gladys.

Als ich mit dem Meditieren gerade angefangen hatte, verbrachte ich einige Zeit in einem Meditationszentrum, dessen Lehrer – aus heutiger Sicht – sehr gut war. Ich war Anfänger und hatte Schwierigkeiten mit einfach allem: mit dem Tagesablauf, mit der Meditation, mit den Ritualen des Zentrumlebens. Und all diese Schwierigkeiten drückten mich noch mehr, wenn Gladys in der Nähe war. Sie hatte zusammen mit mir angefangen, aber ihr gelang alles perfekt, alles lief vollkommen glatt. Alles fiel ihr nur so zu – ganz offensichtlich ein Naturtalent. Aber eines Tages hieß es, sie sei weg; ich konnte es nicht fassen. Als ich mit dem Lehrer darüber sprach, sagte er, es überrasche ihn nicht. »Sie war nicht engagiert«, meinte er. »Ist Ihnen nicht aufgefallen, wie leicht ihr alles fiel?«

Take five

Das ist nicht nur ein berühmter Jazztitel, sondern in den angelsächsischen Ländern ein beliebter Spruch am Arbeitsplatz, der meist dann zu hören ist, wenn es im Betrieb nicht mehr so recht vorwärts geht, weil alle müde werden oder sich nicht mehr richtig konzentrieren können. »*Take five* – fünf Minuten Pause«, sagt der Chef oder die Chefin, wenn Anzeichen des Erlahmens sich bemerkbar machen. Wenn man jetzt nämlich hart bliebe, würde alles nur noch schlimmer werden, also macht man lieber ein Päuschen und fängt mit frischen Kräften wieder an.

Was tun die Leute in dieser Zeit? Manche rauchen eine Zigarette. Andere gehen nach draußen, um ein bisschen frische Luft zu schnappen und die Beine zu strecken. Jeder weiß, was er in diesen fünf Minuten braucht, um sich wieder ein bisschen frisch zu machen.

Problematisch wird es erst, wenn es um unser Innenleben geht, denn hier haben wir keinen objektiven äußeren Beobachter, der uns sagt, wann wir müde oder träge und mechanisch zu werden beginnen. Niemand sagt uns *»take five«*, bevor uns wirklich der Faden reißt. Deshalb erkennen wir häufig unsere Grenzen nicht. Wir merken erst, dass wir müde und fahrig sind, dass uns der Stress im Nacken sitzt, wenn etwas schief gegangen ist – wir haben die Zeichnung, an der wir gerade arbeiteten, ruiniert, oder wir haben unsere Tochter angefaucht. Wenn wir Glück haben, können wir das als Anstoß nehmen, kurz innezuhalten und uns zu besinnen, um dann gefasst und ruhig wieder neu anzusetzen.

Seien wir ehrlich: In solchen Stresssituationen neigen wir dazu, die Sache nur noch schlimmer zu machen. »Ich lasse das Zeichnen überhaupt sein«, sagt sich die Künstlerin und reißt das Blatt vom Block. »Du lässt immer alles einfach stehen und liegen«, wirft die Mutter ihrer Tochter vor. »Dich wird keiner haben wollen, wenn du mal groß bist.« Später beruhigen wir uns dann wieder und sind manchmal in der Lage, uns einzugestehen, dass wir falsch gehandelt haben. Aber mitunter sind wir so verbiestert oder selbstgerecht, dass wir uns nur immer weiter hineinsteigern. Dann bleiben wir bis auf weiteres dabei, uns elend zu fühlen.

Meditation vergrößert die Chance, Probleme schon zu erkennen, wenn sie noch handhabbar sind. Meditation ist die Kunst des *»take five«*, der kleinen Pause, die Körper und Geist von dem entlastet, woran sie sich festgebissen haben – mit dem Ergebnis, dass sie ihre natürliche Flexibilität und Spannkraft zurückgewinnen. Was auch immer an einem bestimmten Tag in unserem Leben los sein mag, günstig oder ungünstig, glücklich oder traurig, die Meditation holt uns zurück in die Gegenwart, in der alle Überlegungen dieser Art gegenstandslos sind. Hier werden alle Dinge, wie ein Meditationslehrer mir mal gesagt hat, entweder besser oder schlimmer oder bleiben gleich, und wir haben nichts weiter zu tun, als sie leichten Herzens zu betrachten in dem Wissen, dass »auch dies vergehen wird«.

Wir reagieren dann weniger, sind nicht so sehr dem Auf und Ab unseres Lebens ausgeliefert. Wir haben ein klareres, lebendigeres Gefühl von uns selbst (wobei »selbst« hier schwer zu erfassen und noch schwerer zu definieren ist). Wenn wir im gegenwärtigen Augenblick sind, ängstigen uns die Dinge nicht so leicht. Und Erfreuliches lässt uns nicht gleich bis in die Stratosphäre hinaufschießen, beraubt uns nicht unserer Ausgeglichenheit und Nüchternheit.

Selbsthilfe – der heimliche Selbstbetrug

Das gegenwärtige geistige Klima, so scheint mir, ist für manch einen von uns so etwas wie eine Hölle der Selbstvervollkommnung. In dem Bemühen, unser Ich besser zu machen oder zu ändern, es zu entdecken oder gar zu heilen, haben wir uns in einem Geflecht von Wunschvorstellungen verfangen, deren uneingestandenes Ziel es zu sein scheint, eben jenes Gefühl des Ungenügens noch zu schüren, dem eigentlich abgeholfen werden soll. Soweit ich sehe, ist es viel besser, aus diesem Spiel einfach auszusteigen.

Was würde passieren, wenn eine größere Anzahl von Menschen sich entschlösse, alle Hoffnung auf Vervollkommnung, Entwicklung, ja sogar Entdeckung ihres Ich fahren zu lassen und dieses Ich stattdessen zu vergessen? Was, wenn wir für fünfzehn oder zwanzig Minuten täglich in der Gegenwart existierten und in dieser Zeit auf überhaupt nichts anderes aus wären? Wäre das möglich? Und wenn es möglich wäre, was würde sich daraus ergeben?

Meditation ist das zeitweilige Vergessen aller spirituellen und/oder Selbsthilfe-Technologien und Maßnahmen mit Ausnahme der Rückkehr in die Gegenwart – und das ist eigentlich auch keine Maßnahme, denn da sind wir ja bereits. Meditation ist also im Grunde eine Nichtmethode. Man braucht dazu nichts zu tun – außer nicht zu tun, was man normalerweise tut.

Dabei wird sich der Verstand irgendwann einmischen und fragen: »Aber wie wird die Welt aussehen, wenn ich nichts tue? Ist sie dann anders oder nicht? Wird nicht alles einfach aufhören? Und ich, bin ich dann nicht erledigt?« Darauf lässt sich nur antworten: »Sieh selbst, was passiert.« Aber ich kann Ihnen ein Beispiel geben, das Sie vielleicht ahnen lässt, wie das ist.

Denken Sie an einen peinigenden inneren Zustand wie etwa Neid, den Wunsch nach etwas, das einem anderen gehört. Dieses Gefühl und die lähmende Beklemmung, die es mit sich bringt, drehen sich um das Ich, genauer, um dieses Armutsbewusstsein, dass man selbst nicht genug hat (oder ist). Dieser Schmerz, dieses Gefühl des Ungenügens, wäre ohne Resonanz und Tiefe und Körper, wenn es nicht diesen Rückbezug zum Ich hätte. In gewissem Sinne gehört der Schmerz zum Ich und das Ich zu ihm, ja, der Schmerz wird von unseren komplexen, verflochtenen Vorstellungen vom Ich sowohl erzeugt als auch aufrechterhalten.

Haben wir das einmal verstanden, so ist leicht einzusehen, dass Selbsthilfemethoden, als Hilfe für das Ich gedacht, letztlich nicht weiterhelfen. Wenn wir zum Beispiel unser Selbstwertgefühl aufbauen, werden wir zwar vielleicht in mancher Hinsicht besser funktionieren, aber zum Ausstieg aus dem Spiel verhilft uns das nicht. Der ganze Gedanke der Selbsthilfe ist im Grunde ein Widerspruch in sich selbst, nur sehen wir das nicht, weil wir das größere Bild nicht erfassen.

Aber was ist dieses »größere Bild«, und wie können wir es sehen? Es ist das, was sich zeigt, wenn die ichbezogene Sicht der Welt wegfällt. Wir erfassen es also nicht durch Bezugnahme zum Ich mit seinen unzähligen Problemen, sondern dadurch, dass wir das Ich gänzlich vergessen und einfach präsent sind – so, wie wir gerade sind. Damit können wir die ganze Sache endlich durchschauen, sie als das erkennen, was sie ist, ein Spiel.

Das Spiel durchschauen, das fängt damit an, dass wir all die Wartungs-, Reparatur- und Instandhaltungsarbeiten, die wir normalerweise ständig an unserem Ich vornehmen, einfach weglassen. Einfach den Dingen ihren Lauf lassen. Wie man das macht? Durch Nichtstun: Atmen und von eins bis vier zählen und schließlich nicht einmal mehr das.

Zu einfach!

Soen Nakagawa Roshi hat einmal über Meditation gesagt: »Zu einfach! Zu einfach!« Er meinte damit, dass wir meist übers Ziel hinausschießen. Wir sagen uns: »Jetzt will ich aber *richtig* meditieren. Jetzt werde ich *wirklich* aufmerksam sein.« Wir reißen uns zusammen. Wir werden ganz still. Will unser Geist mal abschweifen, reißen wir ihn sofort zurück. Kein Wunder, dass es nichts wird.

In Wirklichkeit müssen wir nur loslassen und mit dem Gezerre aufhören. Aber wir wissen natürlich alle, wie schwer das sein kann. Ich persönlich hasse nichts so sehr, wie wenn jemand zu mir sagt: »Jetzt lass doch mal einen Augenblick. Es wird dann schon.« Dennoch, das ist in fast allen Fällen der beste Rat. Es ist nur leider so, dass ich in dem Augenblick, in dem ich diesen Rat bekomme, meist schon dem Wahnsinn nahe bin – weil ich irgendwo rechtzeitig sein möchte, weil ich das Faxgerät nicht in Gang bekomme, weil ich zum x-ten Mal etwas zusammenrechne und immer zu einem anderen Ergebnis komme. Es spielt keine Rolle, was ich da gerade so verbissen zu erreichen suche, denn ich selbst bin mir dabei das größte Hindernis. Und wie schwer ist es dann einzusehen, dass ich selbst das bin, was mir im Wege steht und beiseite geräumt werden muss.

Das erinnert mich an einen Automechaniker, bei dem ich als Schüler gejobbt habe. Wenn ihm die Galle hochkam, weil irgendein Teil, an dem er arbeitete, nicht passen wollte, dann schrie er: »Bleib bloß *weg!* Komm mir nicht in die Quere!« Das waren immer seine Worte, auch wenn ich gar nicht in der Nähe stand oder er ganz allein in der Grube war. Einmal schrie er das sogar, als ich draußen einen Wagen betankte. Ich habe mich nie getraut, ihm zu sagen, er solle sich doch mal entspannen und tief durchatmen. Aber ich war jung und er war jung, und soweit ich weiß, hat er es schließlich auch so gelernt.

Man muss nicht meditieren, um das zu lernen. Manche lernen es beim Einfädeln. Beim Einfädeln einer Nadel neigen wir dazu, den Körper zu verkrampfen, ihn ganz still und starr zu halten, denn das Öhr ist so klein und der Faden so dünn, dass man meint, schon ein Atemzug würde alles verderben.

Nach zwei oder drei Fehlversuchen werden Sie wahrscheinlich erst einmal tief durchatmen, um die Spannung zu lösen, und dann den nächsten Versuch starten. Das ist eine natürliche Reaktion, eine Art Sicherheitsmechanismus, mit dem der Körper verhindert, dass der Stress überhand nimmt. Anschließend geht der Faden häufig ganz glatt durch.

Wenn Sie Nadel und Faden nur selten benutzen, werden Sie diese Lektion bald wieder vergessen haben. Aber wenn Sie Näherin oder Schneider sind, dann lernen Sie dies sehr schnell für den Rest Ihres Lebens. Allerdings wird auch ein Schneider sie nicht unbedingt auf andere Lebensbereiche übertragen. Um das zu schaffen, müssen wir meditieren. Wir müssen uns angewöhnen, unseren eigenen Geist im Auge zu behalten. Nur dann werden wir die Augenblicke bemerken, in denen wir selbst es sind, die aus dem Weg gehen müssen.

1917

Als ich einmal im Tagebuch der englischen Großmutter meiner Frau las, ging mir auf, dass wohl jeder Mensch irgendeinen Bereich in seinem Leben hat, wo er Gegenwart erfahren kann, wo er nichts weiter möchte, als sich irgendeiner Sache ganz einfach und direkt zuzuwenden.

An jedem Tag ihres Lebens verzeichnete Nellie Havens das Wetter und jeden Besucher. Wenn sie selbst aus irgendeinem Grund ausging, so notierte sie auch das. Hier ein paar typische Eintragungen des Jahres 1917:

Montag, 26. März	Kalt. Nichts Besonderes.
Dienstag, 27. März	Schauer. Ging Tante Mary besuchen. Nach dem Essen kamen Drews.
Mittwoch, 28. März	Schön. Im Garten gearbeitet. Abendkurs.

Alle Einträge bestehen aus solchen Brocken. Es gibt kaum ganze Sätze, und selbst wenn sie Ereignisse von wirklicher historischer Bedeutung vermerkte, waren sie irgendwo zwischen die üblichen Tagesbemerkungen eingeschoben.

Samstag, 7. Juli	Freundlich. Büro. Luftangriff gegen halb elf. Sah vom Bürofenster aus Flugzeuge & explodierende Geschosse am Himmel. Tante Mary zum Abendessen & Tee. Gartenarbeit in Whitegate.

Es gibt in diesem Tagebuch an keiner einzigen Stelle etwas von ganz persönlicher Natur. Warum nicht?

Mancher wird vielleicht sagen, Nellys Tagebuch sei nur ein Zeugnis der emotionalen und intellektuellen Knebelung, der englische Frauen in jener Zeit unterworfen waren. Wäre sie ein Mann gewesen, stünden in ihrem Tagebuch ohne Zweifel auch interessantere und bedeutendere Dinge. Sie hätte sich dann sicherlich mehr für die großen Ereignisse ihrer Zeit interessiert. Andere werden vielleicht sagen, sie sei eben eine Angehörige der begüterten und dem Müßiggang huldigenden Klasse gewesen, sonst hätte sie nicht die Zeit gehabt, sich mit lauter Kinkerlitzchen abzugeben.

An beiden Ansichten mag etwas Wahres sein, aber ich glaube, sie erzählen noch nicht die ganze Geschichte. Als ich meine Frau über ihre Großmutter befragte – ob an ihr auch etwas Ungewöhnliches und Bemerkenswertes gewesen sei –, sagte sie: »Im Alter war sie eigentlich ziemlich durch den Wind. Aber es hieß, sie sei eine große Gärtnerin gewesen. Bei ihr wuchs einfach alles.« Als ich das gehört hatte, war mir alles klar.

Jeden Tag notierte Nellie Havens das Wetter in ihrem Büchlein, selten mit mehr als einem einzigen Wort und an manchen Tagen nur das und sonst nichts. Trotzdem spürt man deutlich das Vergnügen, mit dem sie das schrieb. Sie ließ niemals einen Tag aus.

Gewiss war dies die Stelle der größten Schlichtheit und Klarheit und wohl auch Tiefe in ihrem Leben. Kein Wunder, dass sie eine so begnadete Gärtnerin war. Ihre Beziehung zum Wetter war unmittelbar und geradlinig.

Für andere ist es vielleicht beim Golfspiel ganz ähnlich. Mich wundert es jedenfalls nicht, dass es heute so viele Bücher gibt, in denen die spirituelle Seite des Golfs gepriesen wird. Beim Golfspielen sind die Leute sogar entspannter und für spirituelle Wahrheiten empfänglicher als bei allem, was man um solcher Wahrheiten willen eigens unternimmt. Zum Golf haben sie eine ganz direkte und schlichte, jedenfalls keine belastete und verworrene Beziehung.

Deshalb rate ich Ihnen, wenn Sie ein Anfänger der Meditation sind, dass Sie erst einmal die Stelle in Ihrem Leben aufsuchen, wo Sie bereits präsent *sind*. Fühlen Sie sich in den Geist dieser Stelle ein, und bauen Sie Ihre Meditationspraxis von dort aus auf. Dabei werden Sie mehr über Meditation erfahren, als irgendein Buch Ihnen sagen kann.

Halten Sie einen Augenblick inne, um Ihr tägliches Leben zu betrachten und sich zu fragen, bei welcher Tätigkeit Sie am ehesten ganz präsent sind – ohne es eigens sein zu wollen, ohne die besondere Anstrengung zu unternehmen, im Hier und Jetzt zu sein.

Es gibt nichts, was da nicht in Frage käme: kegeln, mit dem Taschenrechner etwas ausknobeln, kochen, Ihr Kind in den Schlaf wiegen. Was uns in die Gegenwart bringt, ist so subjektiv wie wir selbst.

Dennoch, um ganz sicherzugehen, können Sie sich die folgenden Fragen stellen:

- Ist es etwas, das Sie um seiner selbst willen tun? Oder geht es Ihnen doch sehr um Ergebnisse?
- Fühlen Sie sich danach entspannt und gelöst oder eher gestresst?
- Ist Ihre Beziehung zu dieser Tätigkeit direkt und einfach oder eher kompliziert?

Nehmen Sie sich ein bisschen Zeit, um sich verschiedene Aktivitäten zu vergegenwärtigen, bis Sie eine finden, die passt. Denken Sie nicht von vornherein, dass Sie es schon genau wüssten oder dass Sie wüssten, was es sein *sollte*. Kurz, verbauen Sie sich nicht die Möglichkeit, auf etwas Überraschendes zu stoßen. Präsent zu sein ist etwas vollkommen Natürliches und daher weitgehend frei von Ichbewusstsein – gehen Sie also lieber nicht davon aus, dass Sie schon wüssten, worin Ihr persönlicher Augenblick der Präsenz besteht.

Ich habe diesen kleinen Test heute Morgen selbst gemacht, nachdem ich jahrelang nicht mehr daran gedacht hatte. Und was ich als meinen Augenblick der Präsenz herausfand, hat mich in der Tat überrascht: Er kommt morgens nach dem Duschen, wenn ich meinen Computer einschalte und dann abwarte, bis der Ladevorgang abgeschlossen ist. Während dieser vielleicht fünfundvierzig Sekunden blicke ich einfach aus dem Fenster in den Garten, registriere das Wetter und ob der Schnee geschmolzen ist oder Tiere am Teich zu sehen sind. Heute früh war die Kornweihe wieder mal da und hockte in dem jungen Baum an der Brücke. Was schon fast ein Haiku ist.

Das hier ist es

Ich habe mal ein Cartoon gesehen, auf dem zwei Seite an Seite in der Meditationshalle sitzende buddhistische Mönche abgebildet waren, der eine älter und erfahren, der andere offensichtlich ein Neuling. Der ältere raunt dem jüngeren etwas aus dem Mundwinkel zu, und dieser blickt mit großen, erstaunten Augen. Unter dem Bild steht: »Gar nichts kommt als Nächstes. Das hier ist es.«

Eine der größten Herausforderungen bei der Meditation besteht darin, sich aller Erwartungen zu enthalten und den Augenblick als das zu erleben, was er ist. So merkwürdig es klingen mag, das kostet meist einige Anstrengung. In Zen-Klöstern ist seit jeher bekannt, dass es dazu in der Regel nicht vor der Mitte eines siebentägigen Sesshin (besonders intensive Meditationsklausur, während der nicht gesprochen wird) kommt. Die ersten drei Tage sind meist durch erhebliche künstliche Anstrengung geprägt. Man müht sich verbissen um geistige Sammlung, und wenn der Geist doch wieder abschweift, fühlt man sich bemüßigt, ihn wieder herbeizuschleifen, mag er auch zetern und um sich schlagen. Darum geht es ja schließlich bei einer Meditationsklausur. Wenn man nicht meditiert, gibt es keinen Grund, den ganzen Tag untätig herumzusitzen.

Irgendwann legt sich das Verlangen nach Anregung. Aber erst muss man da eine Durststrecke der Langeweile überwinden, als führte der Weg durch die Wüste zu einer Oase. Anfangs hat man das Meditieren nicht als langweilig empfunden, denn man erwartete ja etwas. Irgendwas sollte passieren, und dem fieberte man entgegen. Als sich dann jedoch abzeichnete, dass außer dem sattsam Bekannten – atmen, zählen, abschweifende Gedanken – nichts weiter passieren wollte, begann man sich zu fragen: »Tja, und jetzt? Was soll das alles? Irgendwas geht mir hier durch die Lappen.«

Nein, nichts geht Ihnen durch die Lappen, genau das ist es ja. Es ist so einfach, so anspruchslos, dass es anfangs wirklich nicht leicht ist, dabei zu bleiben. Der gegenwärtige Augenblick ist nur genau das, was er ist.

Wie viel Meditation braucht der Mensch?

Wenn Sie allein sind, können Sie so lange meditieren, wie Sie möchten. In einer Gruppe muss man sich vorher einigen. Ich habe festgestellt, dass die meisten Menschen mit fünfzehn bis zwanzig Minuten gut zurechtkommen, aber Sie können auch vier Atemzüge lang meditieren, was bei den meisten weniger als eine Minute in Anspruch nehmen dürfte. Ich könnte mir sogar eine Gruppe denken, die sich regelmäßig zu einer Vier-Atemzüge-Meditation trifft. In diesem Fall würde es sich empfehlen, wenn die Beteiligten ohnehin zusammenlebten oder sich regelmäßig träfen wie etwa bei der Arbeit, denn bei so kurzen Zusammenkünften wäre der Aufwand sonst wohl unverhältnismäßig hoch. Worauf es mir ankommt, ist dies: Fixieren Sie sich nicht auf Länge als Maß für die Qualität der Meditation und für den Nutzen, den Sie davon haben werden.

Ich selbst bin vor vielen Jahren diesem Missverständnis erlegen. Irgendwie war ich auf den Gedanken verfallen, ich müsse unentwegt meditieren, um wirklich etwas davon zu haben. Meine Familie und meine Freunde dachten, ich sei übergeschnappt. Ich reagierte gereizt, wenn meine Meditation gestört wurde, und ich mochte es gar nicht, dass so viele andere Dinge meine Aufmerksamkeit beanspruchten. Schließlich ließ ich mich von meiner Frau scheiden, wurde buddhistischer Mönch und dann Leiter eines Zen-Zentrums in New York City, wo Meditation mein Job war. Als Mönch musste ich weiterhin an allen Meditationsklausuren meines alten Klosters teilnehmen, und daneben hatte ich nun meine eigenen Klausuren zu leiten. In dieser Zeit hat sicher niemand in New York mehr meditiert als ich – aber es passierte trotzdem nichts.

Einmal fragte ein Freund mich ganz direkt, worauf ich eigentlich aus sei. »Ich versuche, in der Gegenwart zu sein, ich möchte aufwachen und mein Leben leben«, antwortete ich ihm. »Das fängst du aber nicht sehr geschickt an«, sagte mein Freund. »Du meditierst, und das war's auch schon. Was soll das für ein Leben sein?« Natürlich hatte er Recht.

Von da an verließ ich das Zentrum mittags für eine Stunde und legte mich im Central Park in die Sonne. Am Samstagabend fuhr ich mit der U-Bahn nach Greenwich Village, genehmigte mir irgendwo ein Bier und genoss das Stimmengewirr oder fing selbst ein Gespräch an. Ich kaufte mir ein Paar Rollerblades und fuhr damit den Fluss entlang. Und zu meinem größten Erstaunen kamen ganz von selbst Augenblicke, in denen ich mich ganz und gar präsent fühlte – ohne jedes Bemühen meinerseits, mit Ausnahme vielleicht des Entschlusses, mich mal sein zu lassen, wie ich bin.

Disziplin

Beim Meditieren sollten Sie auf nichts anderes als die Zählung des Atems von eins bis vier ausgerichtet sein. Sehr einfach, aber es erfordert auch ein wenig Einsatz. Sie werden sich jedoch völlig verhaspeln, wenn Sie meinen, Sie könnten das mit bloßem Willen erreichen. Es ist eher wie beim Radfahrenlernen.

Wenn man das Radfahren lernt, fällt man erst einmal ziemlich oft hin. Man lernt es nur, wenn man immer wieder aufsteigt. Es dauert eine Zeit, aber dann hat man heraus, wie man Balance und Vorwärtsbewegung in Einklang bringt, und von da an kann man Rad fahren, ohne sich ständig zu konzentrieren oder der Einzelheiten der Fahrtechnik zu vergewissern. Man sagt sich dann nicht mehr: »Jetzt muss ich mich ein bisschen nach rechts lehnen, jetzt nach links.« Alles geschieht von selbst.

Auch beim Meditieren kommen Sie erst nach einiger Anstrengung an diesen Punkt, also seien Sie nachsichtig mit sich, treiben Sie sich nicht an. Denn wie wollten Sie beispielsweise das Radfahren lernen, wenn Sie sich dabei auch noch zusätzlich mit Vorstellungen von Disziplin belasteten? Das wäre doch so, als stünde Ihr Vater daneben und nörgelte bei jedem Sturz: »Du gibst dir einfach keine Mühe!«

Wenn ich also sage, dass Sie auf nichts anderes als die Zählung von eins bis vier ausgerichtet sein sollen, dann meine ich damit einfach, dass Sie Ihre Zeit und Kraft nicht an Gedanken wie »Dazu fehlt mir einfach die Disziplin« verschwenden sollen. Wenn Sie merken, dass Sie abschweifen, dann einfach zurück zu eins. Das ist Disziplin genug.

Meistern Sie das Einfache!

Manche Menschen stoßen sich an der Schlichtheit dieser Praxis. Zu leicht, finden sie, zu dünn. Aber wie viele vermögen wirklich das Einfache zu tun? Eine alte chinesische Geschichte verdeutlicht, was gemeint ist:

Einst lebte ein Literat, ein Poet, der einen weiten Weg auf sich nahm, um einen Meditationsmeister zu besuchen. Er wollte hören, was jener an Weisheit zu bieten habe. Als er den Berg erreichte, wo der Meister lebte, sah er ihn auf einem Baum sitzen und meditieren.

»Das sieht gefährlich aus, so hoch oben«, sagte der Mann. »Es sieht viel gefährlicher aus, wo Ihr seid«, sagte der Meister.

Da dachte sich der Poet: Dieser Mann muss erleuchtet sein. Er fragte den Meister: »Was ist die Essenz des Weges?« Der Meister sagte: »Das Böse meide, das Gute übe, und lass nicht zu, dass dein Herz sich trübe.«

»Aber dieses Verslein kennt doch jedes Kind«, sagte der Poet. »Das mag so sein«, erwiderte der Meister, »doch selbst ein Achtzigjähriger vermag es nicht.«

Immer wieder begegne ich dieser Reaktion, sogar bei Meditationslehrern. Manchmal sind es Meister komplexer Rituale, geheimer Praktiken, Körperstellungen oder Visualisationen, die in den Traditionen des Ostens von einem Lehrer an den nächsten weitergegeben wurden und die der Meinung sind, ein guter Lehrer sei für die Meditationspraxis unabdingbar. Mitunter haben sie komplexe »vorbereitende« Übungen absolviert, um überhaupt zur Meditation zu gelangen. Doch im einfachsten aller Dinge sind sie nicht immer Meister: von allem loszulassen, was sie wissen, um das gegenwärtige Hier und Jetzt zu erfahren. Das schlichte, profunde Bewusstseins ihres »Anfänger-Geistes« liegt so weit zurück, dass sie sich nicht einmal mehr erinnern, solch einen Geist zu besitzen.

Aber keine Sorge, der Anfängergeist geht niemals verloren. Und Sie brauchen sich keine Gedanken über all die Lehren der meditativen Traditionen in Ost und West zu machen. Es genügt, das Einfache zu praktizieren. Sollten Sie später einmal zu komplexeren und schwierigeren und daher beeindruckender erscheinenden Dingen übergehen, dabei aber die Schlichtheit des bloßen Präsentseins ohne Ritual, ohne Denken, ohne Ideen vergessen, dann werden Sie nichts von der Beherrschung solcher Praktiken haben. Sie haben dann nämlich das alles Entscheidende vergessen.

Schilf

Um den kleinen Teich am Rand unseres Grundstücks in Woodstock steht ein wenig Schilf. Wenn es schneit, lassen sich die Flocken auf den langen Blättern nieder, die sich unter ihrem Gewicht beugen. Irgendwann ist ein Punkt erreicht, an dem das Blatt plötzlich nachgibt und die ganze Schneefracht abrutscht. Ich habe das oft beobachtet.

Jeder von uns erlebt mindestens einmal am Tag etwas von ähnlicher Art, und zwar im Augenblick des Einschlafens. Der Geist lässt los, der Körper entspannt sich, und all die kleinen Sorgen des Tages fallen von uns ab. Bei den meisten Menschen geschieht das auf ganz natürliche Weise, bedarf keiner Maßnahmen.

Leider gelingt uns das meist nicht, wenn wir wach sind. Und das zeigt sich nirgendwo deutlicher als beim Meditieren. Manchmal brauchen wir uns nur hinzusetzen, um den Atem zu zählen, schon bricht ein wahres Unwetter kleiner und großer Ängste und körperlicher Ticks los. Alle angestauten Spannungen und Kümmernisse scheinen auf einmal über uns herzufallen. Das kann dem Anfänger geradezu den Eindruck geben, dass Meditation alles nur noch schlimmer macht. Doch das täuscht.

Wir sorgen normalerweise dafür, dass wir immer Ablenkung haben. Setzen wir uns aber zum Meditieren hin, fallen die Ablenkungen weg, und wir sind ungeschützt. Geändert hat sich eigentlich nichts. Unsere normale Geistesverfassung wird uns jetzt nur schärfer bewusst. Menschen mit Schlafstörungen erleben etwas Ähnliches. Wenn man in einem dunklen Zimmer im Bett liegt, aber nicht schlafen kann, werden alle Zweifel und Befürchtungen noch schlimmer, als sie am Tag sind.

Zum Loslassen von Spannungen und Sorgen beim Meditieren gehört Übung, aber Sie können sofort einen Anfang machen, indem Sie zunächst einmal sehen, dass alles Kämpfen die Sache nur verschlimmert. Wer an Schlaflosigkeit leidet, weiß das schon: Wenn ich gegen die Wachheit ankämpfe, werde ich nur noch wacher. So ist es auch beim Meditieren: Wenn wir gegen Spannungen und Befürchtungen ankämpfen, haben sie uns nur umso sicherer im Griff.

Ein Therapeut erzählte mir von einem Klienten, der ihm Folgendes eröffnete: »Ich mache mir Sorgen, weil ich so viel Angst habe. Irgendwann, fürchte ich, wird das Herz mal nicht mehr mitmachen.«

»Wie gesund ist denn Ihr Herz?«, fragte der Therapeut.

»Mein Herz ist gesund«, sagte der Mann, »das ist es nicht. Was mich so verrückt macht, ist diese Angst.«

Wir alle haben davon ein bisschen. Und wenn wir meditieren, lernen wir, uns eine Pause zu gönnen. Wir lernen, wie wir unsere Probleme nicht noch verschlimmern, beziehungsweise welche erfinden, die gar nicht da sind. Nachgeben wie ein Grashalm und auch geduldig sein wie ein Grashalm – darin liegt das Geheimnis. Probleme? Kehr einfach zum Atem zurück und überlass eine Sorge nach der anderen sich selbst. Wenn man dabei bleibt, wird ein Augenblick kommen, in dem sie alle wie von selbst, sanft, ohne Getöse, einfach abrutschen.

Einen Stern betrachten

Die Gegenwart ist etwas, dem man folgt, nicht etwas, das man hat oder besitzt. Wenn Sie sich allzu sehr auf den Atem fixieren, auf das Zählen von eins bis vier, werden Sie feststellen, dass die Atemzüge plötzlich viel schwieriger zu verfolgen sind. Versuchen Sie dann lieber, sie so anzusehen, wie man einen Stern betrachtet.

Wenn Sie einen Stern, insbesondere einen nicht übermäßig hellen Stern betrachten wollen, sehen Sie ihn klarer, wenn Sie den Blick ein kleines Stück daneben fokussieren. Ähnlich ist es, wenn Sie beim Atemzählen nicht darauf bestehen, jede Zahl in perfekter Klarheit gegenwärtig zu haben; wenn Sie Ihre Erwartungen ein wenig zurückschrauben, werden Sie feststellen, dass die Zahlen im gleichen Maße klarer werden.

Meditation ist eine Art Paradox. Je begieriger man nach ihr greift, desto mehr entzieht sie sich. Das liegt einfach daran, dass Meditation die natürliche Verfassung unseres Geistes ist. Durch Beobachtung ändern wir diese Verfassung, denn wir tragen ein Element von Selbstbewusstheit hinein, das sonst nicht da wäre. Diese Selbstbewusstheit schafft eine Distanz zwischen uns selbst und dem, was wir jeweils gerade tun. Beim Geschirrspülen denke ich: »Ich spüle das Geschirr«, und plötzlich habe ich die unmittelbaren taktilen Empfindungen dieses Vorgangs durch ein »virtuelles« Bild davon ersetzt. Es ist, als stünde ich etwas abseits und beobachtete jemand anderen beim Geschirrspülen. Nur dass ich selbst dieser andere bin. Diese Art, die Dinge zu tun, ist natürlich nicht übermäßig befriedigend (nur leider fällt das nicht überall so unangenehm auf wie beim Sex).

Das ist eigentlich eine komische Situation. Weil wir nicht an den Wert unserer unmittelbaren Erfahrung glauben, verpassen wir das Schiff. Wir verpassen das Schiff, auf dem wir schon fahren.

Kein Weg

Auch wenn unzählige Meditationshandbücher das zu sagen scheinen – Meditation ist kein Weg. Kein Weg von hier nach da jedenfalls.

Wenn wir mit dem Meditieren anfangen, haben wir normalerweise nicht gleich das Gefühl, sehr erfolgreich zu sein. Um uns bei der Stange zu halten, empfinden wir es dann als notwendig, uns eine Zukunft auszumalen, in der wir schließlich »den Bogen raushaben«. Wir erfinden also einen Weg. Auf diesem Weg, sagen wir uns, wird es hier und da Führer und Zeichen geben, und schließlich, wenn wir ans Ende gelangen, werden wir wissen, was es mit der Meditation auf sich hat. Das lässt uns weitermachen. Wenn wir einen Lehrer haben, wird er unsere Phantasien vielleicht noch schüren mit Worten wie: »Es dauert lange, bis man es im Zen zur Meisterschaft bringt« oder »Sie können nach sieben Jahren kontinuierlicher Schulung leitende Aufgaben übernehmen«.

Manche Meditierende, darunter auch Lehrer, halten das für einen notwendigen kleinen Betrug, aber ich sehe das anders. Dass dergleichen nicht ausbleiben kann, räume ich hingegen ohne weiteres ein. Wir können nicht anders, als uns vorzustellen, dass wir beim Meditieren Fortschritte machen. Wenn wir von Jahr zu Jahr weitermachen sollen, brauchen die meisten von uns dieses Gefühl, dass wir allmählich dahinter kommen, dass wir uns schon ganz schön geändert haben, seit wir meditieren, dass unser Leben besser ist, weniger zerfahren, dass wir resistenter sind gegen Stress und Ärger. Aber geht es denn darum? Ich glaube nicht.

Immer und immer wieder zum gegenwärtigen Augenblick zurückkommen – *darum* geht es beim Meditieren. Und es geht *immer* nur darum, wenn auch scheinbar an verschiedenen Orten und zu verschiedenen Zeiten. Nennen wir es Weg, ist das wider seine Natur. Nennen wir es Reise, dann stülpen wir nur unsere privaten Illusionen über das, was wirklich ist. Die Wahrheit unserer Erfahrung ist nicht linear. Gegenwart ist immer hier und jetzt. Fortschritt in Richtung Gegenwart, in Richtung Präsenz, das ist ein Widerspruch in sich.

Meditation macht uns nicht besser und nicht schlechter,

nicht anders, als wir sind. Sie weckt uns nur auf. Gewiss ist es menschlich, sich einen Weg und ein Fortschreiten vorzustellen, wie es ja auch menschlich ist, in den Konfigurationen der Sterne Götter und Göttinnen zu sehen und daran seine Freude zu haben. Um aber Freiheit zu finden, um hier und jetzt gänzlich präsent zu sein, müssen wir schließlich doch einsehen, dass da nur ein Stern ist ... und noch ein Stern ... und noch einer. Wunderschön, einer wie der andere.

Teil 2: Wie man sich hineinfindet

Der Rotschwanzbussard

Etwas ist in die Stille des Gartens eingebrochen, eine Fahne feinen Schneestaubs sinkt von einem Ast in halber Höhe des Ahorns herunter. Dadurch aufmerksam geworden, erhaschen wir gerade noch den Augenblick, in dem der Rotschwanzbussard die Flügel ausbreitet, um sich in die Luft zu schwingen.

Zuerst wirkt er schwerfällig, die Flügelschläge haben etwas Mühsames. Doch kurz darauf hat er sich über die Bäume erhoben und hält die Flügel still. Von hier an wirkt sein Flug mühelos. Kaum vorstellbar, dass er irgendetwas mit dem Erdboden zu tun hat. Hoch am Himmel muss er offenbar gar nichts mehr tun, außer seinen Körper mit leichten Drehungen in den Wind zu bringen, und selbst das scheint eher der Freude am Fliegen als einem Zweck zu dienen. Wenn man ihn dort schweben sieht, möchte man meinen, das große Rund der Natur wäre ein einziger ständiger Müßiggang, nichts zu erledigen.

In unserem Alltag erleben wir kaum je Augenblicke, in denen wir alles einfach mal lassen können. Fast immer begleitet uns das Gefühl von Aufgaben und Pflichten. Wir haben Verabredungen und müssen Geld verdienen, und der Tag ist eine Rennbahn, bevor wir dann schlafen gehen. Deshalb erfahren wir den gegenwärtigen Augenblick nur selten in seiner radikalen Einfachheit, frei und klar. Freiheit, sofern wir uns überhaupt daran erinnern, ist etwas, das wir in der Kindheit mal hatten. Unser Leben ist von allen Seiten mit Beschlag belegt.

Was würde passieren, wenn wir, für eine Sekunde, Freiheit erleben könnten, hier und jetzt? Was, wenn wir außerhalb der Zeit in vollkommener Schlichtheit existieren könnten wie ein Kind, wie die gesamte Natur? Würde die Welt sich ändern? Wäre dann alles anders? Nein, wir würden dieselbe Welt sehen, nur jetzt von der Warte der Freiheit aus.

Meditation führt uns nicht auf eine Reise in eine andere Dimension oder ein fernes Land. Sie zeigt uns nur, wer und was und wo wir wirklich sind. Wenn wir meditieren und dabei das Gefühl haben, einen Sprung oder eine Reise zu machen, dann zeigt das nur, wie weit wir uns in der Geschäftigkeit und Abgelenktheit unseres Alltags von uns selbst entfernt haben. Die Reise der Meditation bringt uns also nicht vorwärts, sondern führt uns zurück zu der Stelle, an der wir tatsächlich sind. Es ist eine Nichtreise, ein Sprung, den es nicht gibt.

Sammlung

Beim Meditieren richten wir uns auf eine einzige Sache aus, auf den Atem, wie er kommt und geht. Durch das Zählen der Atemzüge von eins bis vier bekommen wir eine Art Rückmeldung über diesen Vorgang – wir behalten ihn im Auge, und die Zählung erlaubt uns, die Schwankungen unserer meditativen »Konzentration«, unserer Sammlung, von Augenblick zu Augenblick zu verfolgen. Wenn wir die Atmung verfolgen können, ohne den Faden der Zählung zu verlieren, dann ist daran abzulesen, dass unsere Sammlung gut ist. Unterbrechen aber ständig andere Gedanken die Zählung, so sind wir nicht richtig gesammelt.

Die meisten von uns erleben das, was meist Konzentration genannt wird, als den entscheidenden Faktor beim Meditieren. Nennen wir es, um das Missverständnis der Zielorientierung und des Erreichenwollens von vornherein auszuschließen, lieber Sammlung. An einem Tag, an dem uns die Sammlung leicht fällt, erleben wir die Meditation als gelungen. Tun wir uns aber mal schwer damit, dann meldet sich gleich die Frage, weshalb wir überhaupt meditieren. Beim Meditieren geht es demnach vor allem darum, dass man lernt, sich zu sammeln. Oder vielleicht doch nicht? Was ist eigentlich diese Konzentration oder Sammlung?

Zunächst einmal braucht sie einen Gegenstand. Die Aufmerksamkeit wird gebündelt und dann auf ein einziges Ding ausgerichtet. Sich sammeln bedeutet also eine einzige Sache betrachten, einen einzigen Gedanken denken. Sammlung ist eigentlich ein Maß der Dichte.

Als ich einmal in Manhattan an einer Straßenkreuzung stand, wurde mir plötzlich bewusst, dass in den Gebäuden der unmittelbaren Umgebung so viele Menschen waren, wie in meinem Heimatort leben. So ist auch ein gesammelter Geist ein sehr dichter Geist: alle Gedanken auf eine Stelle gesammelt.

Weil wir uns beim Meditieren anfangs der Methode der Sammlung auf den Atem bedienen, könnte der Eindruck entstehen, dass es bei der Meditation überhaupt nur um Sammlung, Verdichtung, Konzentration geht. Doch dem ist nicht so. Das Sich-Sammeln ist immer noch ein Willensakt, und Meditation letztlich etwas anderes.

Das Zählen der Atemzüge von eins bis vier gibt uns zunächst die nützliche Illusion, dass es beim Meditieren etwas Solides gibt, woran man sich festhalten kann. Wir haben da eine Art mentalen Griff, mit dem wir uns des Atems versichern können. Der Atem selbst ist jedoch weitaus subtiler und kaum zu greifen. Wenn wir uns beim Meditieren nur noch dem Atem selbst zuwenden, gibt es keine Progression, keine Abfolge, keinen Zusammenhang mehr – nur diesen einen Atemzug und wieder einen Atemzug und wieder einen, immer so weiter.

Bei der Atemzählung sind die Zahlen eine nützliche Illusion. Wir erfinden sie sozusagen und schreiben sie den Atemzügen zu, wie wir Dingen in der Außenwelt Namen geben. Nehmen wir das Wort »Katze«. Jede Sprache hat für dieses Tier einen anderen Namen. Die Katze selbst ist jedoch etwas anderes als der Name. Mit dem Aussprechen des Namens können wir keine Katze entstehen lassen; und wenn wir eine Katze sehen, uns aber im Augenblick nicht einfällt, wie man das Tier nennt, dann verschwindet sie deswegen nicht. »Katze« ist nur ein Name, der der Verständigung dient.

So berühren wir auch bei der Atemzählung eigentlich nicht die Atemzüge selbst, sondern nur die Namen (die Zahlen), die wir ihnen geben. Um die Atemzüge *berühren* zu können, müssen wir den Atem *verfolgen,* ihm folgen. Glücklicherweise kommt es dazu meist ganz von selbst.

Wenn Sie eine Weile die Atemzüge gezählt haben, wird die Sammlung sich allmählich immer weniger künstlich anfühlen. Anstatt sich mühsam auf das Zählen von eins bis vier auszurichten, werden Sie sich immer mehr einfach dem Rhythmus überlassen können. Dann wird es Ihnen vorkommen, als geschähe das Zählen beinahe mühelos.

Manche Menschen beschreiben das als ein Gefühl der Verlangsamung oder des Gewinns von Raum. Unsere Sammlung hat jetzt nicht mehr dieses Krampfhafte, und es ist jetzt nicht mehr so, als müssten wir jedem Atemzug entgegengehen, um ihm schnellstens eine Zahl aufzukleben, sondern wir können in aller Ruhe abwarten, bis er kommt, und ihn dann zählen.

Manche sprechen hier von einem Gefühl des Wartens auf etwas, aber eines Wartens in völliger Gelassenheit, ohne Eile, ohne alles Entgegenfiebern. Wenn es so weit ist, dann haben Sie eigentlich schon angefangen, dem Atem einfach zu *folgen.* Bald werden Sie sich fühlen wie ein Genesener, der noch am Krückstock geht. Einst eine nützliche Hilfe, ist er jetzt eher hinderlich. Werfen Sie ihn weg. Danach bemüht man sich nicht mehr um Ausrichtung auf den Atem, sondern folgt ihm einfach. Wohin der Atem geht, da gehen Sie hin. Das ist alles.

Wenn Sie sich nach einiger Zeit des Atemzählens an Körper und Geist klar, weit und ruhig fühlen, dann lassen Sie die Zahlen weg und üben stattdessen das Folgen.

Schlagen Sie das Buch jetzt zu, und versuchen Sie ein paar Minuten lang dem Atem zu folgen, einfach mitgehen, wohin er geht.

Fangen Sie jetzt an.

Wie leicht fiel es Ihnen, ohne die Hilfe der Zahlen Ihre Verbindung zum Atem zu halten? Wie lange konnten Sie dem Atem einwärts und auswärts folgend, ohne ihn in irgendeiner Weise zu zwingen oder zu kontrollieren, meditieren?

Wie Sie inzwischen wohl gemerkt haben, gilt es beim Meditieren vor allem zu lernen, wie man immer wieder neu ansetzt. Ganz am Anfang, als Sie mit der Atemzählung begannen, mussten Sie wahrscheinlich häufig wieder bei eins anfangen, bevor Sie das erste Mal bis vier kamen. Indem Sie aber loszulassen und nach jeder Abschweifung in die Gegenwart zurückzukehren lernten, gelang es Ihnen schließlich, auf diese Weise zu meditieren.

Wenn wir jetzt dem Atem zu folgen lernen, kehren wir auch jedes Mal dann zur Atemzählung zurück, wenn wir abgelenkt sind und aus dieser geduldigen Empfänglichkeit fallen, die uns dem Atem zu folgen erlaubt, wohin er uns führt. Eine Meditationsperiode könnte demnach jetzt so aussehen, dass wir erst ein paar Minuten lang zählen und dann für den Rest der Zeit dem Atem folgen, wobei wir immer dann für ein, zwei Minuten auf die Zählung zurückgreifen, wenn wir diese ruhige Weite des Geistes wiederherstellen müssen.

Das Folgen ist eine weniger vom Ego bestimmte, weniger zielorientierte Form der Meditation als die Zählung. Auch beim Folgen gibt es immer noch einen Gegenstand der Meditation, doch dieser Gegenstand ist nichts, wonach wir greifen. Eigentlich ist er nicht einmal etwas, worauf wir uns sammeln. Mit klarem, gelassenem Geist folgen wir ihm einfach, wohin er geht. Denken Sie es sich als eine Art Ergebung. Sich dem Atem überlassen.

Lieber seicht als tief

Sogar erfahrene Meditierende unterliegen manchmal dem Irrtum, sie müssten »tief« meditieren, um wirklich Nutzen aus der Praxis zu ziehen. Tatsächlich trifft das Gegenteil zu. Wenn wir zu tief meditieren, werden wir wahrscheinlich am eigentlich Wichtigen, nämlich einfach des Hier und Jetzt gewahr zu sein, vorbeimeditieren. Der Gedanke, tief meditieren zu müssen, ist ungefähr so abwegig wie der Versuch, unter der Wasseroberfläche tiefer in das Spiegelbild des Mondes einzudringen. Unter der Oberfläche ist kein Spiegelbild. Und unter der Oberfläche des Geistes ist ebenfalls nichts. Die Oberfläche *ist* der Geist.

Wir »stochern« ständig in der Wirklichkeit, um etwas zu erfassen oder zu »kapieren«. Selten sind wir in der Lage, die Dinge so zu nehmen, wie sie sind. Aus eben diesem Grund kann es äußerst schwierig sein, die Atemzüge von eins bis vier zu zählen und jede Zahl nur anzutippen – ohne den Faden der Zählung zu verlieren und ohne darüber nachzudenken, was wir da tun.

So ist es auch ziemlich schwierig, in klarer, lebhafter, aber nicht lastender Bewusstheit einfach dem Atem zu folgen, nicht getrieben vom Gedanken an den nächsten Augenblick und nicht festgehalten vom Gedanken an den eben vergangenen. Dennoch ist es mit einiger Übung möglich, so zu meditieren.

Haben Sie schon mal einen Samstagmorgen erlebt, an dem Sie herrlich ausgeruht erwachten? Sie sind wach und klar, machen sich noch keine Gedanken über den kommenden Tag. Der Garten liegt im Sonnenschein, und die Welt ist erfüllt von diesem wunderbar klaren Morgenlicht. Ihre Morgenstimmung trägt Sie, ohne dass Sie das Geringste dazu tun müssten. Sie nehmen sie nicht einmal eigens wahr, fühlen sich nur ausgeruht und bereit für den Tag.

So ähnlich ist es auch bei der Meditation. Wenn Sie meditieren, sind Sie nicht auf eine bestimmte Erfahrung aus. Sie sind einfach wach. Nachdem Sie einige Minuten lang Ihre Atemzüge von eins bis vier gezählt haben, empfinden Sie – ganz ohne darauf abgezielt zu haben – immer deutlicher etwas von Klarheit und Weite um jede Zahl. Es fühlt sich an, als hätte man endlich einmal genügend Raum, um zu denken, um sich zu bewegen und zu atmen oder einfach nur zu »sein«.

Haben wir einmal angefangen, auf diese Weise zu meditieren, kann es immer noch eine Weile dauern, bis wir realisieren, dass wir nicht tief meditieren müssen, dass wir die Dinge einfach so nehmen dürfen, wie sie sind. Hier ist nichts, was man sich verschaffen, wonach man sich strecken müsste. Die »Tiefe« der Meditation liegt direkt vor Ihren Augen.

Wasserläufer

Wenn Sie im Sommer an einem Bach entlangspazieren und an eine Stelle mit geringer Strömung kommen, werden Sie wahrscheinlich Wasserläufer sehen können. Diese langbeinigen Insekten können sich frei auf dem Wasser bewegen, weil sie von der Oberflächenspannung getragen werden. Sehr behände gleiten sie hierhin und dorthin, wobei jeder ihrer sechs Füße eine kleine Delle macht. Ich erinnere mich, wie ich als Kind an einem Entwässerungsgraben hinter unserem Haus saß und diesen Tierchen zusah, wie sie hin und her über die Spiegelung des sommerlichen Wolkenhimmels flitzten.

Der gegenwärtige Augenblick besitzt eine »Oberflächenspannung« von ganz eigener Art, so etwas wie natürlichen Auftrieb, eine Leichtigkeit des Geistes, die sich einstellt, wenn wir beim Augenblick verweilen und uns nicht von Gedanken und Eindrücken vereinnahmen lassen, die uns durch den Kopf gehen. Wenn wir diese Leichtigkeit halten können, geht unser Geist ganz mühelos, wie schwerelos, mit dem Atem.

Denken wir an den Wasserläufer. Kümmert es ihn, ob er über eine Wolke oder den freien Himmel gleitet? Ihm ist es einerlei. So werden auch Sie nicht mehr von Gedanken und Bedenken umgetrieben, wenn Sie bei allem, was Sie tun, diese Leichtigkeit und Unbekümmertheit walten und keinen lastenden Ernst aufkommen lassen. Gleiten Sie nur einfach über die Oberfläche, sei sie wolkig oder blau.

Gedanken

Was fängt man mit ablenkenden Gedanken an, die beim Meditieren hochkommen? Nun, was tun Sie denn normalerweise damit?

In unserem Alltag ist das Umherstreunen der Gedanken nicht die Ausnahme, sondern die Regel. Könnten Sie eine Bestandsaufnahme Ihrer Gedanken während irgendeiner beliebigen Minute machen, Sie wären gewiss überrascht, wie vielfältig und zusammenhanglos sie sind. Beim Suchen der Hausschlüssel schießt Ihnen durch den Kopf, warum Sie nicht mehr von dem schaffen, was Sie vorhaben. Und weiter: Heute sollte ich besser schwarze Socken anziehen. Wenn ich doch bloß mehr Geld hätte. Shirley macht mir Sorgen. Wie wohl das neue Haus meiner Exfrau in Tennessee aussieht?

Aber trotz alledem bringen wir unsere Dinge doch irgendwie auf die Reihe. Wir fahren zur Arbeit, spülen das Geschirr, halten Versammlungen ab, unterrichten eine

Schulklasse. Wir machen den Ton geschmeidig und drehen einen Topf. Und wir vollbringen all das immer wieder auf die gleiche Weise: indem wir uns doch wieder dem gegenwärtigen Augenblick zuwenden, zum gerade Anstehenden zurückkehren, dahin zurück, wo wir sind. Darin besteht übrigens das, was wir als die Kontinuität irgendeiner Tätigkeit – sagen wir des Autofahrens – erleben. Diese Kontinuität ist nichts als die Verkettung Hunderter, vielleicht Tausender Augenblicke, in denen unsere Aufmerksamkeit ganz kurz zu den Dingen unserer unmittelbaren Erfahrung zurückkehrt: der wechselnde Druck des Fußes auf dem Gaspedal, die durch den Sitz oder über das Lenkrad spürbare Straßenbeschaffenheit, kleine Distanzschwankungen zwischen uns und dem vorausfahrenden Wagen.

Meditation wird einzig und allein um ihrer selbst willen geübt. Es gibt hier keine zwangsläufigen Ablenkungen wie etwa beim Autofahren, wo man sich ab und zu der Richtung vergewissern muss oder an das denkt, was man am Zielort tun wird, oder auch merkt, dass man spät dran ist und schneller fahren muss. Bei der Meditation ist man nirgendwohin unterwegs. Es gibt hier kein Vorankommen, nichts, dem man freudig oder mit Grauen entgegensieht. Es gibt nur das, was hier und jetzt ist. In diesem Fall: zählen und dann dem Atem folgen. Die Antwort auf die Frage, was man mit Gedanken anfängt, ist demnach einfach: Wenn Ihr Geist abschweift, lenken Sie ihn sanft zum Atem zurück. Schwierig oder einfach, genau so ist es.

Es kann aber auch Zeiten geben, in denen gar nichts geht, weil aus irgendeinem Grund der Gedankenstrom übermächtig ist, sobald Sie sich zur Meditation hinsetzen. Einmal, kurz nach unserem Umzug nach Woodstock, erzählte Perdita, meine Frau, sie tue sich bei der Abendmeditation sehr schwer. Unsere beiden Kinder waren erst drei Jahre beziehungsweise zwei Monate alt. Perdita versorgte sie und hatte auch sonst den ganzen Tag alle Hände voll zu tun. Wenn wir die Kinder abends ins Bett gebracht hatten und uns zur Meditation hinsetzten, brachen all die unterbrochenen, nicht zu Ende gedachten Gedanken sturzbachartig über sie herein. Unsere Kinder schliefen tagsüber nie zur gleichen Zeit, und so war unser gemeinsames Sitzen am Abend für Perdita immer der erste Augenblick, in dem sie mal zur Besinnung kommen konnte – und wie sie sich danach sehnte!

Sie wusste, was für eine Hilfe das ist, einfach nur still dazusitzen und zu meditieren, und wie aufgetankt man sich danach fühlen kann. Aber jetzt konnte sie nicht ein einziges Mal bis vier zählen, ohne dass ihr tausend verschiedene Dinge in den Sinn kamen. Dieses Problem haben viele, und nicht nur die Eltern kleiner Kinder, sondern überhaupt Menschen, in deren Leben viel los ist oder die anspruchsvolle Berufe ausüben. Es gibt aber eine recht einfache Lösung.

Das Bild des Sturzbachs, eines reißenden Gewässers, ist aufschlussreich. Wasserfluten sind Naturgewalten wie Stürme oder Tornados. Wenn Sie an der Küste oder an einem Fluss leben, wissen Sie, dass man manches tun kann, um sich vor Überflutungen zu schützen. Aber Sie wissen auch, dass man überhaupt nichts mehr tun kann, wenn die Gewalt des Wassers eine bestimmte Grenze überschritten hat. Dann kann man alles Weitere nur noch über sich ergehen lassen. Irgendwann wird der Wasserstand fallen. Und wenn das Hochwasser abgelaufen ist, wird der Fluss wieder langsamer und klar.

So ist es auch, wenn Sie sich einer Gedankenflut ausgesetzt sehen. Sie sind viel besser dran, wenn Sie einfach ruhig dasitzen und es geschehen lassen. Sie werden sich nur Blessuren zuziehen, wenn Sie sich dagegen zu stemmen versuchen.

Bumerang

Wie wird man einen Bumerang los? Auf keinen Fall wegwerfen, sondern liegen lassen und drübersteigen. So wird man auch quälende Gedanken, die immer und immer wiederkommen, so oft man sie auch wegwerfen mag, nur los, wenn man keine Gewalt anwendet.

Mit wachsender Erfahrung beim Meditieren werden Sie unterscheiden lernen zwischen chronischen Ängsten, Sorgen und Befürchtungen und solchen, die man ohne weiteres auch mal beiseite lassen kann. Sie brauchen nur auf die Dinge zu achten, die unerbittlich immer wieder hochkommen.

In seiner natürlichen Verfassung ist unser Geist fließend: Gedanken tauchen auf, einfach so, und einfach so tauchen sie auch wieder ab. Drängt sich jedoch ein Gedanke hartnäckig auf, so heißt dies, dass man sich seiner annehmen muss. Das geschieht jedoch beim Meditieren auf ganz andere Weise als in der Psychotherapie oder im Alltag. In der Psychotherapie suchen wir nach Ursachen solch eines Gedankens. Weshalb, könnten wir uns etwa fragen, bin ich nach einem Essen mit meinem Bruder immer tagelang deprimiert? Wenn Sie mit Ihrem Therapeuten nur einige Wochen oder Monate lang über die Sache gesprochen haben, wird sie im Allgemeinen etwas klarer. Im Alltag dagegen halten wir beunruhigende Gedanken normalerweise entweder so lange aus, bis sie von selbst wieder verschwinden, oder wir versuchen sie wegzuschieben, was sie meist nur noch hartnäckiger macht. Beim Meditieren tun wir nichts von alledem.

Beim Meditieren lassen wir den Bumerang liegen, wo er liegt. Solange er liegt, ist die Gefahr, jemanden zu verletzen, weniger groß, als wenn wir ihn in der Gegend herumschleudern, um ihn loszuwerden. Wenn wir bei der Meditation auf einen Bumerang stoßen, sagen wir einfach: »Da ist ein Bumerang«, und lassen ihn dann genau dort liegen.

Das ist nicht nur eine sehr einfache Lösung, sondern sie hat auch bemerkenswerte Auswirkungen. Wir nehmen den Gedanken zur Kenntnis und geben ihm damit die Beachtung, die er fordert. Aber wir geben ihm dabei nicht noch mehr Energie, als er schon hat, und dadurch wird er weniger beschwerlich. Beim Meditieren vergrößern wir die Last eines Problems nicht noch durch den Gedanken, dass wir es jetzt und hier lösen oder uns seiner entledigen müssen. Wir haben eine andere Möglichkeit. Wir können die Entscheidung treffen, das Problem für den Augenblick da zu lassen, wo es ist. Kurz, wir tun gar nichts.

Dabei werden wir bald merken, dass beunruhigende Gedanken leichter zu ertragen sind, wenn wir sie nicht zusätzlich noch mit Ängsten und Befürchtungen befrachten. Das vergrößert auch die Chance, dass uns später eine Lösung einfällt.

Trocken bleiben

Wenn wir uns einerseits nicht aufsaugen lassen dürfen von den unzähligen Gedanken und Gefühlen, die uns in jedem Augenblick durch den Sinn gehen, so ist es andererseits ebenso wichtig, sich nicht zu Phantasieflügen hinreißen zu lassen.

Betrachten wir noch einmal den Wasserläufer: Offenbar ist es seine Natur, an der Oberfläche des Wassers zu bleiben und nicht zu Flügen abzuheben. Genauso ist es beim Meditieren wichtig, dass Sie »Bodenhaftung« haben.

Schwierig wird es, wenn Sie sich auf altvertraute Gedankenmuster einlassen und aus Bodenhaftung Verwurzelung wird. Dann wird sich bald zeigen, dass Sie das Zählen oder Folgen ganz vergessen haben. Schneller als Sie denken, haben Sie sich in irgendeinem Ihrer vertrauten Gedankengänge verfangen.

Wie können wir also leicht über die Oberfläche der Gegenwart gleiten, ohne zu Phantasieflügen abzuheben, aber auch ohne uns in Gefühle von Unglück und Angst zu verhaspeln? Wie also finden wir die Mitte zwischen zu schwer und zu leicht? Betrachten Sie wieder die Natur.

Die Füße des Wasserläufers haften irgendwie am Wasser, aber ohne am Wasser zu kleben und von ihm festgehalten zu werden. Wie macht er das? Wenn man es genau untersucht, findet man heraus, dass der Wasserläufer, obwohl er auf dem Wasser lebt, sich ganz trocken zu halten versteht. Dieses Trockensein »befestigt« ihn am Wasser. Wenn er nass wäre, würde das Wasser ihn packen, und wir sähen ihn dann hilflos strampeln wie eine in den Bach gefallene Spinne.

Was ist daraus nun für die Meditation abzuleiten? Denken Sie an das Wort »Trockenheit«. Trocken bedeutet ja nicht nur die Abwesenheit von Nässe, sondern auch »nüchtern«, »schmucklos«, »geradlinig«. Diese Wörter, auch wenn sie zunächst eher an etwas Langweiliges denken lassen, weisen tatsächlich auf das Geheimnis der Meditation hin. Wenn wir nämlich beim Zählen der Atemzüge von eins bis vier schlicht und geradlinig bleiben, werden wir bald merken, dass wir so unsere Sammlung besser halten können. Es fällt uns leichter, an der Oberfläche der Gegenwart zu bleiben. Und wenn wir die Gegenwart nicht mit Phantasien ausschmücken, zum Beispiel »Mein Leben läuft besser, seit ich meditiere«, können wir dem Atem besser folgen und werden nicht so leicht abgelenkt.

Und präsent sein, ganz nah an der Gegenwart bleiben, ist eine ziemlich nüchterne Sache, wenn man es recht bedenkt. Wozu also eine große Veranstaltung daraus machen? Seien Sie einfach da. Nicht zu schwer, nicht zu leicht.

Unseren Problemen vertrauen

Meditation wird von manchen als eine Form von Eskapismus angesehen, als der Versuch, der praktischen, kantigen Seite des Lebens aus dem Weg zu gehen. Aber ich muss immer lachen, wenn ich diese Kritik höre. Wer glaubt, er könne durch Meditation seinen Problemen entkommen, der muss eine noch viel höhere Meinung von ihr haben als ich – eine völlig überzogene Meinung, wie ich finde. Wer auch nur ein bisschen Erfahrung auf dem Meditationskissen gesammelt hat, weiß recht gut, dass es zwar möglich ist, seine Probleme auf sich beruhen zu lassen, solange man meditiert, dass sie aber wieder da sind, sobald man anschließend die Beine streckt.

Meditation ändert nichts daran, dass wir sind, was wir sind. Unsere Grundsituation, unsere Arbeit, unser Wohnort bleiben, wie sie sind. Und Meditation kann unsere Probleme zwar manchmal auf ihr tatsächliches Maß einkürzen und handhabbar machen, lässt sie aber nicht verschwinden. Wäre das der Fall, dann würde jeder meditieren und keinerlei Fragen stellen.

Meditieren heißt auch, dass wir lernen müssen, unseren Problemen zu vertrauen. Anfänger haben häufig die Vorstellung, sie müssten ihre Probleme ständig im Auge behalten, sonst würden sie einstweilen abtauchen und sie später, in noch viel bösartigerer Form, wieder anspringen. Man braucht eine Weile, bis man begriffen hat, dass ein echtes Problem durch Meditation nicht verschwindet. Es wird sich wieder einstellen als etwas, dem wir uns später, nach der Meditation, in einem geeigneten Augenblick widmen müssen. Taucht es aber nicht wieder auf, dann hat im Grunde nie ein Anlass zur Sorge bestanden. Wenn zwanzig Minuten Meditation Ihr Problem zum Verschwinden bringen, kann es damit nicht viel auf sich gehabt haben. Sie haben sich einfach den Gefallen getan, es zu entlassen.

Das ist, psychologisch gesehen, einer der wichtigsten Nutzeffekte der Meditation. Wir lernen zwischen echten Problemen und bloß stressbedingten Obsessionen zu unterscheiden.

Obgleich Meditation, wie ich bereits dargestellt habe, ein Zustand der Wachheit ist, hat sie doch auch etwas vom Einschlafen. Wenn Sie sich abends ins Bett legen, entspannt sich Ihr Körper, und auch Ihr Geist löst sich von den Spannungen, die sich tagsüber angesammelt haben. Wäre das nicht so, gäbe es nicht die Möglichkeit, die Beschwernisse des Tages von Körper und Geist abfallen zu lassen, dann würde dieses Leben bald daran zugrunde gehen. So aber wird uns allen, wenn auch nicht allen im gleichen Maße, dieses Wunder des Vergessens zuteil, das uns Nacht für Nacht erfrischt. Die Gnade dieser nächtlichen Atempause ändert jedoch nichts am Gewicht irgendeines Problems, das dringend unserer Aufmerksamkeit bedarf. Wenn es ein reales Problem ist, kann es sogar sein, dass wir beim Erwachen als Erstes daran denken.

Wenn wir also beim Meditieren vorübergehend alles andere vergessen und nur dem Atem folgen, wird uns das nicht unfähig zur Auseinandersetzung mit den anstehenden Problemen machen. Es ist völlig in Ordnung, sich zu entspannen und die Pause zu genießen, genauso, wie man ein Nickerchen oder den Nachtschlaf genießt.

Wenn Sie auf die Haltbarkeit Ihrer echten Probleme zu vertrauen gelernt haben und wissen, dass sie nicht einfach untertauchen werden, können Sie beim Meditieren noch besser loslassen und sich entspannen. Dann wird sich der gegenwärtige Augenblick vielleicht wie ein kleiner Inselurlaub anfühlen – fern von allem. Sie sitzen da und meditieren, und es fühlt sich immer mehr so an, als räkelten Sie sich in der Wärme und Kraft der Sonne.

Kaffeebohnen

Als ich auf dem College war, hatte ich die Angewohnheit, bis spät in die Nacht spazieren zu gehen oder zu lesen, so dass ich morgens oft sehr müde war und große Mengen starken schwarzen Kaffees trinken musste. An solch einem

Morgen besuchte ich einmal Deh Chun. Als er mir dünnen schwarzen Tee anbot, den er auf seinem Holzofen anwärmte, lehnte ich höflich ab. Er sah mich fragend an, also erklärte ich ihm, ich sei ein Kaffeetrinker.

Deh Chun bezog fast alles, was er aß, aus seinem kleinen Garten und hatte sehr dezidierte Ansichten über richtige Ernährung, aber er äußerte nie ein Wort der Kritik an meiner Lebensweise. Wichtiger als alles andere war offenbar die Freundschaft. Als ich also wieder einmal zum Morgenbesuch kam, verkündete er, er habe für mich Kaffee gekocht.

Ich war erleichtert. Die Dinge liefen oft sehr langsam in dem kleinen Haus in Monteagle. Im Winter war es in dem Zimmer, wo wir neben dem Holzofen saßen, ziemlich kalt, und so war die Aussicht auf eine gute Tasse Kaffee doppelt willkommen. Als er jedoch den Deckel vom Kochtopf nahm (einen Wasserkessel besaß er nicht), nahm ich überrascht wahr, dass er nur Wasser enthielt. »Instant«, dachte ich. »Na, auch gut.« Er goss von dem Wasser etwas in eine seiner Teeschalen, aber es passierte nichts weiter. Da sah ich mir den Inhalt des Kochtopfs etwas genauer an und entdeckte, dass es da doch Kaffee gab. Vier Bohnen, um genau zu sein. Er hatte sie, bevor ich kam, eine halbe Stunde lang gekocht.

Mir war zum Lachen, doch Deh Chun blickte durchaus ernst drein, also sagte ich nur, dass diese Zubereitungsart mir völlig neu sei. »Gibt nichts Besseres«, sagte Deh Chun ohne auch nur einen Anflug von Heiterkeit und reichte mir die Schale. Ich trank, und es war wie … nun ja, Wasser mit einem fernen Hauch von Kaffee, verschwindend wie ein Morgentraum.

Sonderbarerweise kann ich jetzt, Jahre später, immer noch diese vier verloren herumschwimmenden Kaffeebohnen vor mir sehen, vollkommen klar. Manchmal kommt dieses Bild mir, wenn ich besonders gestresst bin oder am Beginn einer Meditation nicht recht zur Ruhe komme. Ich trinke auch heute noch Kaffee, drei, manchmal vier Tassen am Tag, aber wenn ich an Deh Chuns »Kaffee« denke, muss ich lachen und sehe, wie kompliziert ich mir manchmal das Leben mache. Und wie oft ich vergesse, einfach zu sein. Dieses Lachen ist eine Art Medizin und an sich schon fast eine Meditation.

Keine neuen Knoten binden

Eine Yoga-Lehrerin erzählte mir mal, im vollkommen erleuchteten Geist seien alle Knoten und Schlingen und Verfilzungen gelöst. »Wie macht man das?«, fragte ich sie. Ich erwartete, dass sie jetzt Stellungstechniken des Yoga erklären würde. Aber sie lachte nur und sagte: »Keine neuen Knoten binden.«

Präsent zu sein bedeutet, dass wir aufhören, uns Gewalt anzutun. Wohl jeder hat seine Lieblingsvorstellung davon, »wie die Dinge sein sollten«. Natürlich sind solche Ideen einerseits der Antrieb des Fortschritts. Jeden Tag versuchen wir die Dinge ein wenig besser zu machen. Dieser Ansatz hat jedoch eine Kehrseite: Er macht uns prinzipiell unzufrieden mit der Gegenwart. Glück, Liebe, ein schönes häusliches Leben – all das liegt immer gerade außerhalb unserer Reichweite. Auch wenn es also scheint, als motivierten wir uns nur, die Welt besser zu machen, in Wahrheit knüpfen wir nur Knoten.

Wie bringen wir uns dazu, das zu lassen? Vor allem müssen wir einsehen, dass nicht mehr Anstrengung notwendig ist, sondern weniger. Wir müssen diese Neigung erkennen, alles Einfache schwierig zu machen.

Nehmen wir beispielsweise an, nach der Lektüre dieses Buches kämen Sie zu dem Schluss, dass es die Antwort auf all Ihre Probleme ist. »Es ist genau, wie er sagt«, erzählen Sie Ihren Freunden. »Wir brauchen nur in unserem Leben vollkommen präsent zu sein.« Also werden Sie morgen früh und an jedem weiteren Morgen um sechs Uhr aufstehen, ein Kapitel dieses Buches lesen und dann ungefähr eine halbe Stunde meditieren. Aber die Begeisterung lässt unweigerlich irgendwann nach. Sie kommen abends spät nach Hause, und am nächsten Morgen stehen Sie nicht auf, um zu meditieren. »Ich hätte nicht so lange aufbleiben sollen«, sagen Sie sich. »Ich hätte zum Meditieren aufstehen sollen. Jetzt ist in meinem Kopf ein einziger Wust – und von Präsenz, selbst wenn sie mich in den Hintern beißen würde, keine Spur.«

Meditieren Sie lieber gar nicht.

Das Geheimnis des Keine-Knoten-Bindens ist bei der Meditation dasselbe wie bei den meisten anderen Dingen des Lebens. Wenn du meditierst, meditiere einfach. Wenn nicht, dann eben nicht. Wenn Sie das verstanden haben, können Sie so meditieren, dass die Knoten lockerer und nicht noch fester werden.

Heiliger Ernst

Als ich in das Kloster eintrat, in dem meine Schulung stattfand, war ich voll der erhabenen Gefühle und des heiligen Ernstes, mit denen man einen spirituellen Pfad betritt. Ich hatte meine Frau verlassen, um Mönch zu werden, und etliche der Klosterangehörigen, darunter auch der Abt, äußerten sich anerkennend über die Größe meines Opfers. Als mein Ernst aber nach zwei Wochen immer noch so überaus heilig war, heckten die Mönche etwas aus, um mir eine Lektion zu erteilen.

Damals war die Klosterordnung noch nicht voll amerikanisiert und daher besonders streng. Einmal alle zwei Wochen gab es einen Ruhetag. Die übrige Zeit meditierten und arbeiteten wir. In diesem Jahr waren nicht genug Leute da, und jeder musste Überstunden machen. Der Winter war noch nicht zu Ende, aber es hatte schon ein paar warme Tage gegeben; die Vegetation würde bald erwachen, und die Ahornbäume mussten für die Sirupsaison angezapft werden. Sie standen an einem steilen Hang, wo der Schnee stellenweise noch fast einen Meter hoch lag, und so war es eine mühsame Arbeit, bei der wir nur langsam vorankamen. Als endlich der erste Ruhetag kam, waren wir alle fix und fertig. Die meisten schliefen lange, ein paar verpassten sogar das Frühstück, und als der Abend kam, war den Gesichtern immer noch die Erschöpfung anzusehen.

Vielleicht kam der Abt deshalb auf den Gedanken, eine kleine Party zu feiern. Ein reicher japanischer Gönner hatte dem Kloster an diesem Tag einen Karton Sake gespendet, so dass der Abt, ganz in der alten Tradition der Zen-Klöster, das Alkoholverbot vorübergehend aufzuheben beschloss. Wenn Sie der Richtung angehören, die meint, dass selbst der Alkohol seinen Platz hat, dann hätten Sie unseren Fall als ein klares Beispiel dafür anerkannt. Die Stimmung hob sich schon nach dem ersten Schluck spürbar, und eine Stunde später wurde gelacht und über die Arbeit gewitzelt.

Dumm war nur, dass wir um halb fünf wieder aufstehen mussten. Wenn man eine großzügige Sake-Spende bekommt, heißt das noch lange nicht, dass damit auch die Klosterordnung erst einmal gekippt ist. »Sie sind der *Jokei*«, sagte der Abt zu mir. »Vielleicht gehen Sie besser schlafen, sonst überhören Sie morgen womöglich den Wecker und müssen den ganzen Vormittag mit weißen *Tabi* als Zeichen der Zerknirschung am Eingang zur Meditationshalle knien.« (Dem Jokei obliegt es, die anderen zu wecken; Tabi sind japanische Socken.)

Das fand ich spannend. Es gibt keine größeren Ritualfanatiker als frisch Bekehrte, und so musste ich unbedingt mehr über diese so geheimnisvoll dunkle Regel wissen. Der Abt erklärte: »Manchmal verschläft der Jokei, und das ist eine ernste Verletzung der Klosterregeln, auch wenn die Mönche dadurch Gelegenheit bekommen, ein wenig Schlaf nachzuholen. Wenn das geschieht, muss der Jokei vor allen anderen laut seinen Verstoß bekennen. Danach legt er das Mönchsgewand an und kniet den ganzen Vormittag am Eingang zur Meditationshalle.«

Danach schenkte er mir ein strahlendes Lächeln und erhob sich, um sich zurückzuziehen. Auch ich stand auf und sagte, ich müsse jetzt gehen. Ich müsse früh raus, erklärte ich. Sonst würden sie alle verschlafen.

Die anderen fassten sich an den Kopf. Zwei von ihnen packten mich an den Schultern und zerrten mich an den niedrigen Tisch zurück, an dem wir alle auf dem Boden gesessen hatten. »Mann, wo willst du hin«, fuhr der Mönchsälteste mich an. »Verstehst du denn überhaupt nichts?«

»Hast du nicht gehört, was er sagt?«, fragte ein anderer. »Wir müssen erst um sieben aufstehen.«

Ich war nicht überzeugt. Die Mönche führten mich ständig hinters Licht, weil ich noch keine Ahnung von den

Klosterregeln hatte. Vielleicht wollen sie mich wieder nur reinlegen, dachte ich. Sie wollen nur, dass ich Ärger mit dem Abt kriege. Also riss ich mich los und ging auf mein Zimmer.

Aber zum Schlafen kam ich kaum. Als Erstes fand ich meinen Wecker nicht. Jemand musste schnell über den Außengang in mein Zimmer gerannt sein und den Wecker mitgenommen haben, bevor ich kam. Jetzt packte mich die Wut. Ich würde es ihnen schon zeigen.

Wie nicht anders zu erwarten, wollte mir niemand seinen Wecker leihen, also musste ich den Lagerraum des Klosters durchstöbern, wo ich mal einen von irgendwem zurückgelassenen Wecker gesehen hatte. Das Problem hatte ich also gelöst, aber wie sich dann zeigte, war ich viel zu aufgeregt, als dass ich hätte schlafen können. Und das war auch gut so.

Bald hörte ich nämlich eine leicht angetrunken wirkende Stimme mit starkem Akzent. Es war Essan, einer der japanischen Mönche, die im Kloster lebten. Ich öffnete die Tür einen Spalt breit und sah ihn und Jossei, einen anderen japanischen Mönch, mit einem Tau. Ich dachte, sie wollten mich fesseln, damit ich nicht die Weckglocke anschlagen konnte, und verrammelte meine Tür hastig mit Tisch und Bett. Doch sie hatten etwas anderes vor.

Sie spannten das Seil zwischen meiner Türklinke und der gegenüberliegenden. Ich konnte meine Tür jetzt nur noch einen Finger breit öffnen. Ich dachte daran, das Seil durchzuschneiden, aber die Klinge meines Schweizer Messers war nicht lang genug. Lange saß ich noch auf meinem Bett und dachte nach.

Als Essan am Morgen aufwachte, fand er seine eigene Tür zugebunden. Hätte er keinen Lachanfall bekommen, wäre ihm vielleicht aufgefallen, dass sich die Tür einfach aushängen ließ …

Alle waren froh, dass ich sie hatte schlafen lassen. Was blieb mir, nach allem, was geschehen war? Beim Frühstück entschuldigte ich mich mit lauter Stimme, und alle lachten. Danach zog ich meine weißen Socken an und wollte in Richtung Meditationshalle gehen, aber der Mönchsälteste hielt mich zurück. Es sei nicht nötig, sagte er. Offenbar hatte der Abt Essans verschnürte Tür gesehen und sich köstlich amüsiert. Ja, *sie* hatten die Lektion schon gelernt.

»Meditierst du jeden Tag?«

Seit ich nicht mehr Mönch bin, zähle ich schon nicht mehr mit, von wie vielen Menschen ich das gefragt werde. Es fällt mir nicht schwer, sie wahrheitsgemäß zu beantworten: Nein. Meist interessiert mich aber mehr, aus welchem Grund die Leute fragen. Mir ist aufgefallen, dass viele meinen, sie müssten dem Meditieren auch noch einen moralischen Anstrich geben. Diese Haltung hat jedoch nichts mit Meditation zu tun und verlängert allenfalls die Liste der Probleme dieser Leute. Meditation – eigentlich etwas so Simples, das sich von Augenblick zu Augenblick ganz natürlich ereignet – bekommt dann etwas Neurotisches.

Die meisten Meditierenden haben da so eine Art heimliche Buchführung nach dem Muster »Ich habe gestern Abend meditiert, also kann ich es mir heute Morgen mal gut gehen lassen«. Tatsächlich ist es aber jederzeit erlaubt, es sich gut gehen zu lassen, ob man meditiert hat oder nicht. Und es ist auch überhaupt nichts dagegen einzuwenden, sich an einem Tag, an dem man meditiert hat, saumäßig zu fühlen. Sie dürfen sogar deprimiert sein, *während* Sie meditieren. Das bedeutet nicht, dass Sie etwas falsch machen.

Meditation ist kein Punktesammeln auf ein Resultat hin. Meditation heißt lediglich: in unserem Leben sein. Manche Tage sind nun mal so, dass man einfach nicht zum Meditieren kommt. Vielleicht sind Sie krank, vielleicht haben Sie einen Säugling zu versorgen und wollen, wenn das Kind endlich schläft, ebenfalls nur noch schlafen. Vielleicht sind Sie auf Urlaub, und es gibt da einfach zu viel zu erleben. Wenn Sie angstfreier werden wollen, wenn Sie glücklich und zufrieden im gegenwärtigen Augenblick leben möchten, dürfte es wenig Sinn haben, sich noch mehr unter Druck zu setzen. Also halten Sie Ihre Meditation völlig frei von allem »Ich sollte« und »Hätte ich doch nicht«. Meditieren Sie dann, wenn es Ihnen möglich ist, wenn es Ihnen richtig gut tut oder Sie es brauchen, und legen Sie sich nicht zu sehr auf ein Plansoll oder bestimmte Resultate fest.

Unlängst traf ich auf einer Party in New York zufällig einen Mann, den ich lange nicht mehr gesehen hatte. Er ging jetzt auf die sechzig zu und hatte schon über dreißig Jahre Zen-Meditation hinter sich. Eine Zeit lang waren wir im selben Kloster gewesen, aber er lebte jetzt schon lange anderswo. Nachdem wir zunächst von alten Zeiten geplaudert hatten, fragte er mich: »Und wie ist es, meditierst du noch?« Ich bejahte, und er fragte weiter: »Meditierst du jeden Tag?« Man kann natürlich solche Fragen ganz harmlos stellen, aber ich fühlte hier etwas von Beklemmung und Deprimiertheit mitschwingen. Seine Augen verengten sich, als er fragte, und mir war klar, dass er sich eigentlich wünschte, diese Frage nicht stellen zu müssen und die Antwort nicht zu brauchen.

Es gab mir einen Stich zu sehen, wie angstbesetzt Meditation für ihn immer noch war. Er steckte wie eh und je in dieser trostlosen Klemme, meditierte immer noch um sein Leben, als wäre Meditation eine Art Beatmungsgerät, ohne das er nicht auszukommen glaubte. Und ich sah, dass Meditation für ihn nur eines der Dinge war und immer gewesen war, an die er sich klammerte und mit denen er sich unglücklich hielt. Meditation, ausgerechnet Meditation, war für ihn das geworden, womit er sich davon abhielt, *jetzt* zu leben.

Die Gegenwart rufen

Wenn Sie ein paar Jahre meditiert haben, sind Sie in der Lage, sich im Augenblick einzufinden, indem Sie einfach die Gegenwart aufrufen. Sie können dann ohne Übergang und Vorbereitung in die Meditation eintreten, ohne spezielle Übungen und die Anwendung von Methoden – jederzeit und überall.

Natürlich ist »die Gegenwart aufrufen« eigentlich ein Witz. Man kann nicht aufrufen, was schon da ist. Das wäre so, als riefe man sich selbst und antwortete sich selbst oder als fasste man sich an den Kopf, um sicherzustellen, dass er auch wirklich da ist. Man könnte also dieses Aufrufen der Gegenwart auch als die Kunst des Lachens bezeichnen.

Je länger wir still sitzend in und bei der Gegenwart verweilen, den Atem ein- und ausströmen fühlen, desto klarer wird uns, dass die Gegenwart immer da ist – aber unser *Gewahrsein* der Gegenwart kommt und geht. Wenn wir die Gegenwart »aufrufen«, werden wir uns nur dessen bewusst, was immer da ist, wir »rufen *ab*«. Die Gegenwart ist uns so nah wie die eigenen Ohren. Normalerweise bemerken wir unsere Ohren nicht eigens, aber sie sind immer da und tun ihren Dienst, auch wenn wir sie nicht bewusst benutzen. Wenn jemand uns bittet, ihm ein Ohr zu leihen, sind wir dazu augenblicklich in der Lage. Das Abrufen der Gegenwart läuft ganz ähnlich. Es ist, als würde man sich selbst bitten, sich ein Ohr zu leihen.

Das Lachen setzt natürlich dann ein, wenn wir merken, wie oft uns die Gegenwart entgleitet, obwohl sie ja immer da ist, vor unserer Nase und genauso sichtbar wie unsere eigene Nase. Aber wir blicken an ihr vorbei genauso wie an unserer Nase. Beide, die Nase wie die Gegenwart, sind so nah, dass man sie meistens glatt übersieht.

Aber wie funktioniert dieses Rufen oder Zurückrufen der Gegenwart?

Irgendwann fällt uns plötzlich auf, dass uns die Gegenwart entglitten ist, weil unsere Bewusstheit nachließ. Diesem Gedanken folgt gleich der nächste: Wir müssen die Gegenwart zurückholen. Aber dann prusten wir auch schon los wie bei einem Witz, dessen Pointe überraschend früh kommt – weil uns plötzlich einfällt, dass wir schlecht zurückholen können, was wir schon haben.

Wenn es dazu kommt, entsteht in diesem Stromkreis der Selbsttäuschung ein Kurzschluss. Wir können die Illusion eines gegenwärtigen Augenblicks, der kommt und geht, nicht länger aufrechterhalten. Also lachen wir.

Wie sich das anfühlt? Die beste Beschreibung, die mir einfällt, ist: Man kommt sich ein bisschen blöd vor und findet es köstlich. Es bedarf einiger Jahre der Meditation, bis wir so über uns selbst lachen können. Man kann das nicht herstellen oder vortäuschen. Aber Sie werden genau spüren, wann es richtig komisch wird. Sobald Sie begriffen haben, wie einfach Meditation ist, werden Sie wissen, wie oft wir das Einfachsein vergessen und wie urkomisch das ist.

Die Quelle

Wer mit dem Meditieren anfängt, handelt sich damit auch eine neue Form der Frustration ein. Hat man nämlich eine gewisse geistige Klarheit gewonnen, dann stößt einem der vernebelte Zustand zum ersten Mal wirklich übel auf.

Aber auch in solch einem Fall können Sie immer noch Klarheit finden, wenn es Ihnen gelingt, Ihren wachen Geist zu berühren. Das mag erst einmal unverständlich klingen, aber wenn Sie es gelernt haben, ist es so einfach, wie mit dem Finger den Boden zu berühren.

Im Grunde sind wir stets aller Dinge gewahr. Es ist immer eine Art Grundklarheit da, unabhängig davon, was wir gerade sagen, denken oder tun. Ganz ähnlich wie bei einem Spiegel, der Wolken widerspiegelt. Die Wolken machen den Spiegel nicht weniger klar, als wenn er ein Gesicht spiegelt. So ist es auch mit unserem Geist.

Vor vielen Jahren habe ich mit meiner College-Freundin einmal eine Bergwanderung gemacht. Mittags erreichten wir einen kleinen See, an dem wir rasten und uns stärken wollten. Wir hatten etwas zu essen dabei, aber keine Getränke. Das gefiel mir gar nicht, und ich wollte schon umkehren, aber meine Freundin sagte, das sei nicht nötig, hier gebe es doch jede Menge Wasser.

Ich sah mir den Weiher an, der ohne sichtbaren oberirdischen Zufluss war, und fand das Wasser nicht gerade als Getränk geeignet. Als Kind hatte ich bei den Pfadfindern gelernt, nur ja kein Wasser aus Teichen zu trinken.

Aber Sally zog sich einfach aus und ging ins Wasser. Sie tauchte mehrmals zwanzig bis dreißig Sekunden lang und kam immer wieder an einer anderen Stelle hoch. Schließlich tauchte sie an einer Stelle etwa zehn Meter vom anderen Ufer entfernt auf und rief: »Hier ist sie!«

Ich wusste nicht, was sie meinte, aber ich zog mich ebenfalls aus und schwamm zu ihr hinüber. Sie nahm mich bei der Hand, und wir tauchten drei oder vier Meter hinunter, bis ich eine kalte Wasserströmung im Gesicht spürte. Sie hatte die Quelle gefunden, die den See speiste.

Jahre später fand ich heraus, dass es mit unserem Geist auch so ist. Die Oberfläche wirkt grün und trüb, aber in der Tiefe gibt es etwas Klares. Sally war in die Richtung des kühlsten Wassers geschwommen und hatte so die Quelle entdeckt. Auf die gleiche Weise können Sie beim Meditieren Klarheit finden.

Wenn Sie merken, dass Sie schläfrig werden, dann bleiben Sie einfach bei diesem Gedanken. Der Teil Ihres Geistes nämlich, der Ihre Schläfrigkeit bemerkt, ist zwangsläufig der wachste. Denken Sie ein paar Augenblicke daran, wie schläfrig Sie sind, und Sie werden sehen, dass Sie wieder viel wacher und klarer sind. Es fühlt sich an, als würde man am Grund eines trüben Sees klares Wasser trinken.

»Glaub es nicht«

Inzwischen dürfte es kaum noch nötig sein, darauf hinzuweisen, dass Meditation jetzt stattfindet und nicht in der Zukunft oder Vergangenheit. Dass Meditation nicht in der Zukunft stattfindet, sehen die meisten Leute ohne weiteres ein. Die Zukunft ist noch nicht Wirklichkeit. Schwieriger ist da schon zu verstehen, dass Meditation auch nicht in der Vergangenheit stattfinden darf. Wie *könnte* es überhaupt dazu kommen? Nach meiner Erfahrung auf zweierlei Weise.

Erstens durch das Wiedererleben zurückliegender Erfahrungen beim Meditieren – insbesondere von Meditationserfahrungen. Wir versinken dann in nostalgischen Träumereien, die von *Erinnerungen* an Meditation handeln und uns daher selbst wie Meditation vorkommen, die jetzt geschieht. Immer dann, wenn es uns schwer fällt, gesammelt zu bleiben, ist die Versuchung groß, an frühere Gelegenheiten zu denken, bei denen wir gut meditieren konnten. Leider geschieht diese Hinwendung zur Vergangenheit immer auf Kosten der Gegenwart. Das ist es, was ich das »Goldenes-Zeitalter-Phänomen« nenne.

Wenn Sie ein, zwei Monate lang meditiert haben, werden auch Sie Ihr goldenes Zeitalter der Meditation erleben: eine besondere Zeit, in der die Welt wie eben gemacht ist und das Meditieren wie von selbst läuft. Aber wenn wir Meditationserfahrungen miteinander vergleichen und die eine befriedigend, die andere unbefriedigend nennen, vergessen wir, worum es bei der Meditation einzig und allein geht, nämlich präsent zu sein für alles, was sich jetzt gerade ereignet, worin auch immer es bestehen mag. Wir vergessen, dass Meditation Geist selbst ist und nicht Geistes-*Zustand.*

Die zweite Art des Meditierens in der Vergangenheit geht meist mit einer Menge Lektüre einher. Sie studieren beispielsweise eine bestimmte meditative Tradition wie den Buddhismus oder Yoga oder christliche Kontemplation und lassen sich von Geschichten über große Meister der Vergangenheit gefangen nehmen. Sie rufen sich beim Meditieren deren Worte in Erinnerung oder durchleben Episoden ihres Lebens. Ich nenne das »nachempfundene Meditation«, und das kann sogar bei diesem Buch passieren, wenn Sie sich von manchen der hier mitgeteilten Geschichten genügend angesprochen fühlen.

Einer meiner Freunde, ebenfalls Schüler von Deh Chun, befragte ihn einmal über die Erleuchtung des Buddha. Deh Chun beugte sich weit zu ihm herüber und flüsterte: »Glaub es nicht.« Wollte er damit sagen, die Erleuchtung des Buddha sei nicht echt gewesen? Ich glaube nicht, dass er das sagen wollte. Aber anscheinend fand er, sie belaste meinen Freund nur unnötig.

Ich erinnere mich gern an Deh Chuns Worte, wenn ich mich von irgendeiner Geschichte über Vergangenes allzu sehr fesseln lasse. Was es auch sei, sage ich mir dann, glaub es nicht, ganz egal, ob es wahr ist oder nicht.

Stubenfliege

Einmal meditierte ich abends allein in dem Zimmer, in dem ich schreibe. Es war kein Tag, an den ich mich als irgendwie besonders erinnere. Ich hatte an einem Buch gearbeitet, und ansonsten war alles ziemlich ruhig.

Als ich eine Weile meditiert hatte, bemerkte ich, dass ich

schon eine ganze Zeit lang eine Fliege anstarrte, die vor mir an der Wand gelandet war. Ich zählte weder die Atemzüge noch folgte ich dem Atem. Ich hatte den Eindruck, dass ich eigentlich gar nichts mehr tat. Ich blickte nur auf diese Fliege.

Sie saß vollkommen still. Sie hatte sich die ganze Zeit keinen Millimeter bewegt. Genau genommen betrachtete ich sie nicht einmal mehr. Es gab nur an dieser glatten weißen Wand sonst überhaupt nichts, worauf der Blick hätte ruhen können, also war es ganz natürlich, dass meine Aufmerksamkeit auf diesem kleinen schwarzen Fleck lag.

Und plötzlich flog sie weg. Von einem Augenblick zum nächsten war sie weg, und jetzt blickte ich auf ... ja, was? Nicht die Wand. Ich hatte aufgehört, auf die Wand zu blicken, während ich die Fliege anschaute, und jetzt, ohne die Fliege, war da eine Art Garnichts, eine Lücke oder Unterbrechung in irgendetwas. Vielleicht war dieses Etwas ich. Ich weiß nicht, wie lang dieser Augenblick war, sehr kurz, wie ich annehme. Während dieser Unterbrechung jedenfalls war da nichts. Da war nichts ... aber ich schaute es an.

Hier versagt die Sprache natürlich. Da war nichts, und niemand schaute es an, und dieses Niemand war trotzdem ich, und dieses Garnichts wurde trotzdem angeschaut – das klingt natürlich alles hoffnungslos verworren. Eigentlich ist ja nichts weiter passiert, als dass ich eine Fliege an der Wand meines Arbeitszimmers anschaute und diese Fliege dann plötzlich weg war. Nichts mehr da.

Die meisten werden angesichts einer solchen Schilderung sagen: »Ja, und? Was ist daran Besonderes?« Vielleicht haben sie Recht. Meine Schilderung wäre allerdings unvollständig ohne die Anmerkung, dass meine Meditation seitdem anders ist. Seitdem gibt es für mich in allem Trubel und Ärger immer etwas, das ohne Trubel ist – eine

Art durchgängiges Hintergrundwissen um die Traumartigkeit menschlichen Lebens, und in diesem Traum etwas Friedvolles.

Ich erwähne das hier nur, weil Sie wissen sollten, dass Sie für einen Durchbruch beim Meditieren keine Visionen von Licht oder strahlenden Gottheiten haben müssen. Eine Fliege tut's auch.

Vergessen

In der Sprache, in der wir hier über Meditation sprechen, ist *vergessen* der Ausdruck für eine Art zu meditieren, bei der es kein Thema, keine Methode und keine Technik gibt. Dahinter steht die Einsicht, dass wir – ob wir es wissen oder nicht – immer schon präsent sind und es letztlich also nichts zu tun gibt.

Auf dieser Stufe der Meditation vergessen wir die zwanghafte Beschäftigung mit Geld, Sex, psychischen Problemen, Bedauerlichem, Hoffnungen, Befürchtungen und den Fehlern anderer. Wir vergessen sogar das zwanghafte Beschäftigtsein mit unserem Atem. Es besteht allerdings eine gewisse Gefahr, dass wir das Vergessen als etwas missbrauchen, in dessen Windschatten wir ungeduldig sein können oder uns dem Stumpfsinn ergeben oder uns allerlei Tagträumereien überlassen, anstatt die Atemzüge zu zählen oder dem Atem zu folgen. Deshalb halte ich mich, nur zur Sicherheit, beim Meditieren an die folgende Regel: *Immer mit dem Zählen der Atemzüge und dem Verfolgen des Atems anfangen.*

Wenn Sie sich beim Üben langweilen oder ungeduldig

werden, ist das ein sicherer Hinweis darauf, dass Sie noch nicht so weit sind, das Vergessen zu üben. Warten Sie damit also noch, sonst sind Sie wie ein Vogel, der ein- oder zweimal hopst und sich dann einbildet, er sause am Himmel dahin. In Wahrheit hat er gar nicht erst abgehoben. Auch wenn Sie beim Üben schläfrig oder lustlos sind, sollten Sie sich nicht gerade in dieser Phase dem Vergessen widmen. Kehren Sie zum Zählen zurück, bis Sie wach genug sind, um dem Atem zu folgen. Und bleiben Sie dabei, bis Sie wirklich präsent genug sind, um völlig »freihändig« zu meditieren.

Woran erkennt man, dass man freihändig, das heißt ohne Methode, Thema oder Technik meditiert? Antwort: Man erkennt es nicht. Im Vergessen beim Meditieren gibt es kein Bewusstsein mehr von jemandem, der meditiert – sei es mit oder ohne Methode, Thema oder Technik. Aber das hat nichts mit Unbewusstheit zu tun. Es ist vielmehr ein äußerst wacher Zustand.

In dieser Verfassung ist der Geist nicht mehr durch Gedanken, Emotionen oder Empfindungen abzulenken. Er ist nichts weiter als präsent. Wenn alles andere vergessen ist, bleibt diese radikale Einfachheit übrig.

Kehren Sie an den Anfang zurück. Denken Sie daran: Meditation ist der Weg voraus, der zurück führt.

Gehen Sie an die Stelle zurück, bevor Sie mit dem Verfolgen des Atems begannen. Und weiter zurück bis zu dem Augenblick, bevor Sie mit dem Zählen der Atemzüge begannen. Und schließlich zurück zu dem Augenblick, in dem Sie sich hinsetzten und den Rücken aufrichteten, um zu meditieren.

Halten Sie hier an.

Bleiben Sie an diesem Punkt, ohne irgendetwas zu tun. Was auch immer Ihnen in den Sinn kommt, lassen Sie es vorbeiziehen. Lassen Sie alles los, was noch an Spannung im Körper sein mag. All das erreichen Sie, indem Sie einfach still bleiben.

Sie werden feststellen, dass alles um Sie her in Bewegung ist. Der Atem bewegt sich. Der Geist regt sich. Der Wind geht. Eine Uhr tickt. Der Körper aber bleibt regungslos wie ein Berg. Dieses Stillsein ist nichts, was kommt und geht; es ist das Abbild Ihres natürlichen Zustands. Jenseits aller Ablenkung und Geschäftigkeit, ist es das, was wir wirklich sind.

Beim Meditieren oder auch im täglichen Leben haben wir manchmal kurze Ahnungen dieser Stille, die streng genommen nichts mit Ruhe oder Bewegung zu tun hat, weil sie aus einer weitaus tieferen Quelle stammt. Tun Sie in solchen Augenblicken gar nichts. Sagen Sie sich nicht einmal, dass Sie dort sind. Solchen Augenblicken lässt sich nichts hinzufügen, um sie noch besser oder vollkommener zu machen. Sie sind in sich selbst vollständig und ganz.

Anschließend werden Sie sich vielleicht eine simple Frage stellen wollen. Was mussten Sie *tun,* um zu dieser Erfahrung zu kommen? Sollte Ihre Antwort anders lauten als »nichts«, dann ist Ihnen der Kern der Sache vermutlich entgangen.

Das Licht meines Lehrers

Beim gegenwärtigen Augenblick kommt es also darauf an, ihn hier und jetzt zu erfassen ohne auf irgendeine Methode zurückzugreifen. Das jedoch ist so schwierig, dass wir fast immer zunächst eine Methode brauchen, die uns Zugang verschafft. Methoden haben jedoch den fatalen Hang, sich zu etwas Eigenständigem mit Sachverständigen und sogar

Investoren zu entwickeln. Deshalb bedienen wir uns unter Nutzung des Atems einer Methode, die so simpel ist, dass sie sich an einem bestimmten Punkt ganz von selbst entsorgt und uns in einem Zustand reiner Präsenz zurücklässt – hier und jetzt. Darum und *nur* darum geht es. Wenn Sie das vergessen, degeneriert Ihre Meditation schnell zu einem Sortiment von Glaubenssätzen und von Anschauungen über das, was Sie tun. Vergessen Sie es aber nicht, dann gibt es sonst nichts zu tun. Wichtig bleibt allerdings, dass man sich nichts darauf einbildet.

Anfangs ist das Wissen um die Präsenz etwas, das wir uns immer wieder in Erinnerung rufen müssen. Es hat etwas von einem Etikett, das auf unserer Meditation klebt, sich aber immer wieder lösen will, so dass wir es immer wieder festkleben müssen, was etwas frustrierend ist. Manchmal möchten wir auch damit angeben (als würde unsere Meditation dadurch wirklich so gut, wie wir sie anderen gegenüber darstellen).

Später, wenn wir uns ein bisschen hineingefunden haben, erleben wir trotz all der Selbstbezogenheit, in der wir die Welt gewöhnlich betrachten, manchmal Augenblicke von echter Präsenz. Zunächst sind solche kurzen Einblicke kaum mehr als nichts, weil wir sie nicht zu fassen bekommen und auch nicht definieren können. Das jedoch akzeptieren wir nach einer Weile und gewöhnen uns daran, einfach nur da zu sein.

Und schließlich erkennen und wissen wir. Das Wissen kommt jedoch wie ein Licht aus uns selbst. Andere bemerken es vielleicht nicht, aber wir wissen instinktiv, dass es da ist. Wir wissen es schon, bevor wir auch nur daran denken. Also müssen wir gar nicht die ganze Zeit daran denken. Wir *sind* einfach nur. Seit einigen Jahren merke ich, dass ich immer weniger beeindruckt bin von Lehrern, die mit ihrem inneren Licht ganze Versammlungssäle ausleuchten können. Ein so helles Licht überstrahlt alle anderen Lichter in seiner Umgebung. Es kann herrlich sein, sich für einige Zeit in der Wärme eines spirituellen Scheinwerfers zu aalen und sich zu fühlen wie ein Kind in den Armen der Mutter. Ich bezweifle aber, dass jemand allein dadurch Anschluss an sein spirituelles Wesen bekommt.

Deh Chuns Licht strahlte so verhalten, dass ich es erst mehr als zehn Jahre nach seinem Tod überhaupt sah. Manchmal denke ich an dieses Licht, wenn ich spät abends heimkomme. Meine Mutter hat mir eine winzige Schlüsselbundlampe geschenkt, mit der ich an meiner Haustür im Dunkeln das Schloss finden kann. Manchmal fällt mir Deh Chun ein, wenn ich dieses Lämpchen anmache.

Teil 3: Wie man zusammenfindet

Im Windfang

Nicht lange nach meinem Eintritt in den Mönchsstand wurde ich von meinem japanischen Zen-Lehrer nach New York geschickt, um das dortige Zendo zu übernehmen. Äußerlich nahm ich den Posten in würdevoller Gefasstheit an. Innerlich sah ich ihn jedoch als Hinweis darauf, dass ich es irgendwie geschafft hatte. Endlich würde ich ein Lehrer sein, ein Zen-Meister. Damals kam es mir so vor, als liefe mein Leben genau richtig.

Mein Lehrer tat alles, was mich in diesem Wahn bestärken konnte. Er machte allerlei Andeutungen, und schließlich sagte er sogar ganz direkt, dass ich den Tempel »erben« würde. Meine unmittelbare Aufgabe präzisierte er jedoch folgendermaßen: Ich sollte am Donnerstagabend den Türsteher machen.

Donnerstags war im Zendo immer Tag der offenen Tür. Jedermann war willkommen, ob mit oder ohne Erfahrung im Zen. Am Donnerstag kamen vor allem Anfänger. Ein paar kamen dann noch ein- oder zweimal wieder, bevor sie ausblieben. Jeden Monat gab es ein oder zwei neue Mitglieder. Manche begnügten sich jahrelang mit den Donnerstagen und zahlten an der Tür ihre Beiträge, ohne je die übrigen Angebote des Zendo zu nutzen.

Mit der Funktion des Türstehers war ich bereits vertraut. Das war der Job, den jeder als Erstes bekam, wenn er ein Interesse an intensiverem Einstieg in die Praxis bekundete. Die Funktion glich im Status etwa der eines Medizinpraktikanten, eines Golf-Caddies oder eines Büroboten. Man konnte dann durchaus zum Meditationsberater aufrücken oder Mönch und vielleicht sogar ein Zen-Meister werden, aber hier fing man jedenfalls an.

Zuerst sah ich den Auftrag als eine Art Strafversetzung, weil ich mir im Vormonat bei einem besonders wichtigen Punkt des Klosterprotokolls einen Schnitzer geleistet hatte. Aber mein Lehrer wirkte so echt begeistert von dem ganzen Arrangement, dass ich mir sagte, diese Deutung könne wohl nicht zutreffen.

Dann kam mir die Idee, es müsse irgendeine Unterweisung dahinter stecken. Das ist in spirituellen Kreisen immer die Antwort der Wahl. Wenn du etwas nicht verstehst, vor allem etwas Unangenehmes, dann verbirgt sich darin ganz bestimmt irgendeine heimliche Lektion. Also raffst du dich auf und zermarterst dir das Hirn, worin die Lektion bestehen könnte.

Tatsächlich kristallisierte sich dann eine Lektion heraus, aber keine von der Art, die ich gewohnt war. Sie kam auch nicht von meinem Lehrer (der vermutlich nichts weiter im Sinn hatte, als dass Anfänger zunächst einmal von einem kompetenten Mönch betreut werden). Sie kam nicht einmal von innen. Sie erwuchs allenfalls aus der Situation selbst.

An die Eingangstür zum Zendo schloss sich ein schwach erleuchteter holzgetäfelter Raum von der Größe einer sehr komfortablen Duschkabine an. An einer Seite standen zwei Fußbänkchen, damit man sich beim Betreten des Zendo die Schuhe ausziehen konnte. Der Türsteher hatte jeden Eintretenden leise zu begrüßen, Spenden in Empfang zu nehmen und die Stelle zu zeigen, wo man die Schuhe abstellen konnte. Es war gerade genügend Raum, um sich ohne mit den Köpfen zusammenzustoßen voreinander zu verneigen.

Vielleicht war es die Stille hier, das Entfallen jeglicher Mitteilungen und Anweisungen mit Ausnahme des stummen Hinweises auf ein Schild mit der Aufschrift »Schuhe bitte ausziehen« – jedenfalls begann der Job mir irgendwann zu gefallen. Es hatte so etwas Intimes, wenn man mit einer oder zwei anderen Personen in diesem winzigen Raum stand. Das Ganze war von einer Einfachheit und wortlosen Vollkommenheit, die ich seit der Zeit mit Deh Chun nicht mehr erlebt hatte, und ich fragte mich, wieso ich davon inzwischen nichts mehr gespürt hatte.

Manchmal war es notwendig, dass die Leute mich ansprachen – »Bin ich hier richtig?« oder »Ist das hier das Zendo?« oder »Was wird hier eigentlich gemacht?« –, aber selbst solche Fragen hatten dieses Einfache und Offene, das, wie mir immer klarer wurde, das eigentliche Geheimnis der meditativen Geistesverfassung ist. Dies war, wenn ich es mit dem Geschehen im Zendo verglich – mit dem dort herrschenden Ethos, den Ritualen und Regeln –, der Augenblick der Wahrheit. Es mag so sein, dass das Leben uns ein Rätsel aufgibt und wir auf der Suche nach der Lösung einen weiten Weg gehen müssen, aber die Antwort ist immer schon da, bevor wir auch nur einen Schritt tun.

Es ist jetzt Jahre her, dass ich das Zendo verlassen habe, und wenn ich die Augen zumache, sehe ich es immer noch in allen Einzelheiten vor mir: den japanischen Steingarten, den spiegelglatten Boden der Meditationshalle, die eine Falte im Gewand des Buddha, aus der ich die Wachsreste nie ganz herausbekam. Wenn ich mich aber zurückversetze, wenn ich mich frage, was es mir damals bedeutete und worin seine Bedeutung für mein heutiges Leben liegt, dann sehe ich mich immer im Windfang stehen, die Tür eine Hand breit offen gehalten durch einen an der

Schwelle liegenden Ziegelstein. Es ist kalt. Die Tür geht auf. Eine dunkelhaarige Frau in einem Wollmantel mit Pelzkragen tritt von draußen herein und verneigt sich. Auf den Schultern hat sie Schneeflocken, die noch weiß und vollkommen sind.

Eine Begegnung, ein Leben

In Japan gibt es den Ausdruck *ichigo ichie,* der vor allem mit der Teezeremonie verbunden ist. Er bedeutet »eine Begegnung, ein Leben« und verweist darauf, dass jede Tee-Zusammenkunft etwas Unwiederholbares ist. Selbst wenn sich noch einmal dieselben Menschen zum Tee zusammenfinden, sind doch die Stimmung, das Wetter, das Arrangement der Gegenstände im Raum anders – irgendetwas wäre dann anders. Jede Begegnung ist einmal und nie wieder.

In gewissem Sinne ist *ichigo ichie* das Geheimnis des gegenwärtigen Augenblicks, denn nur in der Empfänglichkeit für die Einzigartigkeit jeder neuen Situation sind wir wahrhaft lebendig. Wir gehen unmittelbar auf das ein, was sich eben zeigt, frisch und neu. So sollten wir auch jede gemeinsame Meditation beginnen und beschließen mit dem Gedanken: »Diese Begegnung kommt nicht noch einmal.«

Mein japanischer Zen-Lehrer sagte ständig *ichigo ichie.* Und ich muss zugeben, dass ich die ganze Vorstellung ziemlich beklemmend fand. Ich empfand es als eine Last, jeden Augenblick als einmalig sehen zu müssen. Jedes Mal, wenn er es sagte, versuchte ich, mich ganz auf den

Augenblick einzulassen; ich zwang mich, alle Details zu erfassen, die mir bis dahin entgangen waren: den heraushängenden Faden an einem Kissen, Form und Beschaffenheit einer Wolke, die Kleidung der Menschen in meiner Umgebung, die Stimmung des Ganzen. Erst Jahre später kam mir der Gedanke, dass er diese Worte wohl nie als Ermahnung gemeint hatte.

»Eine Begegnung, ein Leben« ist nichts als die schlichte Wahrheit. Bei aufmerksamer Betrachtung des Lebens werden wir sehen, dass die Dinge wirklich so sind. Dieser Augenblick kommt nie wieder. Der nächste auch nicht. Wir leben in einer endlosen Folge unwiederholbarer Ereignisse. Leben heißt, dass wir in ihnen sind, dass wir teilhaben an ihnen – dass wir selbst einmalig und unwiederholbar sind. Dazu müssen wir jedoch präsent sein.

Wenn ich mal zu wenig Schlaf hatte und mir an solch einem Tag alles schwieriger erscheint, mehr durch meine Stimmung geprägt, dann betrachte ich den Zuckerahorn, der vor meinem Arbeitszimmer steht. Er steht sehr ruhig da, wie alle Bäume. Wenn ich ihn so anschaue, denke ich, dass er eine viel langsamere Lebenserfahrung hat als ich und viel geduldiger ist. Aber dann gibt eine Wolke die Sonne frei, und Licht spielt auf der Rinde. Ein kleiner Specht arbeitet sich in Spiralen den Stamm hinauf und hackt zweimal mit dem Schnabel, bis ein Stück Rinde abspringt. Danach bin ich anderer Laune.

Eine Begegnung, ein Leben.

Mit anderen

Die Gegenwart mit anderen Menschen teilen, das ist das Herz der Meditationspraxis. Solange wir nur für uns allein meditieren, ist unsere Praxis wie eines dieser kleinen Buddelschiffe – wer weiß, ob es wirklich seetüchtig ist?

Wenn wir ein Beisammensein im gegenwärtigen Augenblick verabreden, müssen wir uns erst einmal über die Dauer einigen. Die Teilnehmer dürfen ruhig in allen Punkten außer diesem einen verschiedener Meinung sein. Wenn jemand nicht länger als zehn Minuten am Stück meditieren kann, alle anderen aber dreißig Minuten sitzen möchten, wird der eine sich vielleicht vorzeitig verneigen und hinausgehen müssen. Das wird jedoch selten nötig sein, denn wie schon gesagt: Es kommt nicht darauf an, wie lange man meditiert. Wenn Sie an eine Gruppe geraten, in der irgendwelche asketischen Vorstellungen von Meditation vorherrschen, dann gehen Sie besser gleich wieder und suchen sich eine andere Gruppe. Es geht darum, beim Augenblick anzukommen und in ihm zu bleiben, und das in möglichst offener und einfacher Gemeinschaft mit anderen. So gesehen wird es kaum je vorkommen, dass die Teilnehmer keinen Kompromiss finden.

Dann muss auch gemeinsam festgelegt werden, wer die Zeit im Auge behält. Diese Aufgabe sollte reihum jedem einmal zufallen, auch wenn jemand sagt, es mache ihm nichts aus, sich immer darum zu kümmern. Und das hat einen einfachen Grund. Durch die Gruppenpsychologie der Meditation fällt dem für die Zeit Verantwortlichen unversehens eine gewisse Autorität zu. Fast immer stellt sich das Gefühl ein, dass diese Person irgendwie die »Leitung« innehat. Das trifft natürlich insofern tatsächlich zu, als wir dieser Person für die Dauer der Zusammenkunft das Achtgeben auf die Zeit anvertrauen, damit wir selbst uns nicht darum kümmern müssen. Wenn aber immer derselbe dafür verantwortlich ist, schleicht sich allmählich – auch beim Zeitnehmer selbst – das Gefühl ein, er oder sie sei hier die Autoritätsperson. Das ist für alle eine völlig überflüssige Belastung, die wir uns durch das Rotationsverfahren ersparen können.

Das Treffen beginnt mit einer möglichst einfachen und kurzen Begrüßung. Dann wird nicht mehr gesprochen. Wir finden uns schweigend und gemeinsam in der Gegenwart ein – keine Worte sind nötig, die trennen können, Grenzen ziehen zwischen verschiedenen Religionen, Klassen, Berufen, Überzeugungen. Was dann noch an Gedanken, Phantasien und Verärgerungen bleibt, was dann noch für Hühnchen zu rupfen sind, ist für den Augenblick jedermanns eigene Sache. Für die Dauer der Meditation ist all das nur etwas, das in unserem Geist geschieht.

Am Ende der Zusammenkunft sagt der Zeitnehmer einfach »Danke« und fügt gleich hinzu: »Das war's für heute.« Danach kann jeder, wie ihm gerade zumute ist, entweder reden oder still bleiben. Man mag einwenden, diese abschließenden Worte seien überflüssig, denn jeder wisse doch, dass jetzt Schluss ist, aber je länger Sie meditieren, desto deutlicher werden Sie spüren, wie notwendig sie sind.

Beim Meditieren ist es ein gewaltiger Unterschied, ob man bloß darüber redet oder es tatsächlich tut. Wir erleben das ja während der Meditation selbst, wenn wir uns in Gedanken *über* die Meditation verlieren, anstatt einfach die Atemzüge von eins bis vier zu zählen. Es dauert einige Zeit, bis wir meditieren können, anstatt stumme Selbstgespräche zu führen. Alles wird unnötig schwierig, wenn wir nicht genau zwischen der *Erörterung* des gegenwärtigen Augenblicks und der Präsenz selbst unterscheiden. Deshalb die offizielle Beendigung der Meditation durch den Zeitnehmer. Dieses Signal sagt uns, dass wir jetzt wieder reden, dass wir zu unseren sonstigen Belangen, Gedanken und Überzeugungen zurückkehren können – die Meditation selbst ist vorbei.

Das sind die einzigen Regeln, die wir bei solchen Zusammenkünften brauchen. Sie sollen uns helfen, die Gegenwart miteinander zu teilen. Das ist alles.

Sich selbst mitbringen

Als meine Tochter drei Jahre alt war, brachten wir sie in den von einem Elternverein getragenen Kindergarten in der Nachbarschaft. Da konnte sie drei Vormittage die Woche mit sieben anderen Kindern aus der Gegend spielen.

Einmal, als wir sie morgens wieder dorthin bringen wollten, fing sie in letzter Minute an, nach irgendetwas Interessantem zu suchen, was sie den anderen Kindern zeigen konnte. Erst nahm sie eine Rassel in die Hand, die ihrem kleinen Bruder gehörte, legte sie aber wieder weg. Dann wollte sie eine ihrer Puppen nehmen, aber wir erinnerten sie daran, dass man kein eigenes Spielzeug in den Kindergarten mitnehmen durfte. Schließlich erklärte sie: »Dann bring ich halt mich mit.« Das, fanden wir, war eine gute Idee, zumal sie den Stress, rechtzeitig da zu sein, entschieden minderte. Wir akzeptierten die Lösung ohne Umschweife. »Na prima«, sagte meine Frau, »du bringst einfach *dich* mit.«

Als wir sie ablieferten, stellten wir jedoch fest, dass sie an diesem Tag an der Reihe war, etwas ganz Besonderes zu bieten. Daran hatten wir nicht gedacht, und jetzt tat es uns Leid, ihr nicht genügend Zeit gelassen zu haben. »Wir sollten ihr bei solchen Sachen mehr helfen«, sagte meine Frau. »Wir hätten auch daran denken sollen, dass heute ihr Tag ist; dann hätten wir ihr rechtzeitig ein bisschen bei der Auswahl helfen können.« Aber eine Woche später bei der Elternversammlung lernten wir die Sache anders betrachten.

Es wurde uns nämlich berichtet, dass Sophie an jenem Tag, als alle Kinder im Kreis saßen, voller Erwartung, was sie mitgebracht habe, einfach verkündet hatte: »Ich bringe mich mit.«

Als sie dann keine Anstalten zu irgendetwas Weiterem machte, fragte die Betreuerin, ob sie vielleicht aufstehen und den anderen Kindern etwas an sich selbst zeigen wolle. Sophie blieb sitzen und sagte: »Nein. Ich bringe *mich* mit.«

Und offenbar blieb in diesem Augenblick in diesem Kindergarten die Welt stehen. Noch nie hatte ein Kind gesagt, es bringe einfach sich selbst mit, um dann sitzen zu bleiben, ohne eine Geschichte über sich zu erzählen, ohne irgendeinen Gegenstand vorzuweisen oder etwas vorzuführen, was es konnte. Alle saßen für ein paar Augenblicke einfach da und versuchten sich wohl klarzumachen, was das heißt, sich anderen einfach ganz schlicht und still mitzubringen.

»Ich würde gern ein Buch über diesen Augenblick schreiben«, sagte die Betreuerin zu uns. »Aber ich wüsste nicht, wo ich anfangen soll. Wie bringt man das Erwachsenen bei?«

Natürlich würde ich wie jeder Vater gern annehmen,

meine Tochter sei besonders begabt, das wunderbarste Kind auf der Welt, doch die Erfahrung sagt mir, dass solche Augenblicke sich ganz von selbst einstellen, wenn der Geist der Gruppe stimmt.

Es versteht sich wohl von selbst, dass dieses »Ich bringe nur mich mit« die beste Haltung ist, wenn wir mit anderen meditieren. Bei einer Zusammenkunft zum Zweck des Präsentseins müssen wir bereit sein, von unserer persönlichen unendlichen Geschichte – was wir mögen oder nicht mögen, woher wir kommen oder wohin wir wollen – einmal abzusehen. Wir müssen bereit sein, eine Zeit lang stillzusitzen und nichts zu sagen – ohne uns anderen zu erklären, ohne etwas *über* uns oder die Person, die wir zu sein *glauben,* mitzuteilen.

Ich habe mal einen Psychoanalytiker im Ruhestand gefragt, was seiner Meinung nach der wichtigste Faktor bei einer erfolgreichen Behandlung sei. Er sagte, während der ersten Hälfte seiner Laufbahn habe er gemeint, eine ordentliche Ausbildung sei die entscheidende Voraussetzung. Seine Erfolge mit seinen Patienten hatte er immer dem Umstand zugeschrieben, dass er über lange Zeit bei so vielen begnadeten Analytikern studiert hatte.

»Und wie sehen Sie es jetzt?«, fragte ich.

»Tja«, sagte er, »jetzt wird mir klar, dass die Fähigkeit, in Augenblicken des Schweigens offen zu bleiben, über Erfolg und Misserfolg entscheidet. In der Rückschau waren *das* die Augenblicke, in denen das Wichtige geschah – Augenblicke, in denen man den Eindruck hat, dass sich gar nichts tut.

Ich habe dreißig Jahre gebraucht, um dieses Geschehenlassen zu lernen.«

»Was meinen Sie«, forschte ich weiter, »gibt es wohl noch viele andere Analytiker, die um dieses Geheimnis wissen?«

»Wenn sie bei der Behandlung ihrer Klienten erfolgreich sind, wissen sie«, erwiderte er. »Aber in den meisten Fällen *wissen* sie nicht, dass sie wissen.«

Nach kurzem Nachdenken fügte er hinzu: »Wissen Sie, das ist das Knifflige daran. Es ist so einfach.«

Eine Gruppe bilden

Wenn Sie selbst mit anderen eine Gruppe bilden möchten, gibt es ein paar praktische Dinge zu bedenken, etwa die Größe der Gruppe oder die Frage, wie häufig und wo man zusammenkommt.

Im Prinzip brauchen Sie nur eine weitere Person für eine Gruppe, denn »mitbringen« kann man sich schließlich auch einem einzigen Menschen. Ein richtiges Gruppengefühl stellt sich aber erst bei drei oder vier Menschen ein.

Vier Leute könnten sich einmal die Woche treffen, wobei der Ort der Zusammenkunft monatlich gewechselt wird, damit nicht immer derselbe die Räumlichkeiten zur Verfügung stellen muss. Das ist für den Anfang wahrscheinlich das ideale Arrangement. Man wünscht sich den Rückhalt der Gruppe und die Freude am gemeinsamen Präsentsein – aber nicht das Gefühl, dass man unter Druck steht, ernsthafter oder häufiger zu meditieren, als man eigentlich möchte. Einmal die Woche, das dürfte der richtige Kompromiss sein.

In einer so kleinen Gruppe entstehen außerdem die Probleme nicht, die sich in größeren Gruppen einfach aufgrund der Größe gern einstellen: Autoritätstrips beispielsweise oder der Hang, Regeln aufzustellen. Je weniger Menschen, desto weniger Regeln sind nötig; und desto weniger wird Ihre Gruppe Leute anziehen, die immer gern alles in der Hand haben. Solche Leute werden sich wahrscheinlich lieber größeren Gruppen zuwenden, wo die »Aufstiegsmöglichkeiten« besser sind. »Gelegenheit macht Diebe«, heißt es. Bieten wir also keine Gelegenheit: keine Organisation, in der Gurus eine Chance bekommen, ihre emotionalen (und womöglich finanziellen) Bedürfnisse zu befriedigen.

Das größte Problem wird vielleicht darin bestehen, sich auf den Ort und Zeitpunkt der Zusammenkünfte zu einigen. Wir alle haben ein Leben voller Termine und Verpflichtungen, und wenn dann auch noch größere Entfernungen zu überwinden sind, kann man den Eindruck gewinnen, dieses Problem sei unlösbar. Wichtig ist dann, dass wir ganz praktisch bleiben und das Problem ähnlich wie eine Textaufgabe in Mathe angehen. Etwa so: A, B, C und D sollen sich einmal die Woche für eine Stunde am selben Ort aufhalten. A und D arbeiten jedoch von zehn bis acht, B von acht bis fünf, und C hat Nachtschicht. Es kommt also nur das Wochenende in Frage, an dem alle möglichst viel Zeit mit ihrer Familie verbringen möchten. Wie können sich A, B, C und D unter diesen Umständen regelmäßig zum Meditieren treffen?

Das wird von der Persönlichkeit der Beteiligten abhängen. Eine Lösung könnte darin bestehen, dass man sich nur einmal im Monat, aber für eine längere Meditationszeit trifft. So muss niemand das Gefühl haben, zu viel von der kostbaren Familienzeit zu opfern. Vielleicht teilt sich die Gruppe in zwei Teile, A mit D und B mit C, und dann sucht jede der beiden Teilgruppen sich ein weiteres Mitglied mit ähnlichem Zeitplan. Hat man sich erst einmal zum gemeinsamen Meditieren entschlossen, dann findet man auch eine Lösung für solche Schwierigkeiten.

Bedenklich wird es allerdings dann, wenn ein Mitglied der Gruppe oder mehrere zu der Ansicht gelangen, ein anderer könne sich nur deshalb nicht regelmäßig zum verabredeten Termin einfinden, weil er »nicht wirklich interessiert« sei. So etwas untergräbt den Gedanken der Meditation zum Vergnügen und wird nur Gräben innerhalb der Gruppe aufreißen. Diese Gefahr besteht vor allem in sehr kleinen Meditationsgruppen. Hier wird es leicht »zu intim« in dem Sinne, dass man sich besserwisserisch in die Praxis des anderen einmischt.

So etwas lässt sich vermeiden, wenn wir uns immer vor Augen halten, dass jeder Einzelne nur selbst über seine Meditationspraxis entscheiden kann – wie viel oder wenig er meditieren will, wie locker oder ernsthaft er es angeht. Wenn wir uns von einem anderen Gruppenmitglied auch nur ganz leicht unter Druck gesetzt fühlen, werden wir vielleicht daran erinnern müssen, dass wir meditieren, weil wir das gern möchten, und nicht weil wir es sollten oder jemand uns dazu verdonnert hat. Das sollte jedoch sehr freundlich geschehen, denn wir alle vergessen manchmal und können dann froh sein, wenn andere da sind, die uns daran erinnern, weshalb wir überhaupt mit dem Meditieren angefangen haben. Das ist einer der großen Vorteile der Meditation in einer Gruppe. Die Gruppe bietet die bestmögliche Unterstützung und Ermunterung, nämlich dadurch, dass man einfach Seite an Seite meditiert. Predigten helfen uns nicht weiter; Gemeinschaft schon.

Solange wir uns als Mitglieder solch einer Gruppe nicht als erfahrene Kenner aufspielen, haben neu hinzustoßende Mitglieder immer die Chance, die Meditation ganz aus eigener Anschauung kennen zu lernen. Wenn jedoch alle meinen, sie seien schon Experten, wird die Meditationserfahrung zu sehr ihr Eigentum, als dass man sie mit anderen teilen könnte. Was natürlich ein Witz ist, denn die Gegenwart, das Präsentsein im Augenblick, kann unmöglich einer Gruppe oder einem Einzelnen gehören. Wer meint, dass er das schon beherrsche, der hat vergessen, was Gegenwart ist.

Aber wie vermeiden wir dieses angemaßte Expertentum in einer Gesellschaft, in der alle unentwegt zeigen müssen, dass sie ihre Sache beherrschen, dass sie darin produktiv sind und jederzeit genau wissen, was sie tun? Da gibt es, glaube ich, eine ganz einfache Antwort. Wir brauchen lediglich einzusehen, dass Expertentum uns im Grunde nur belastet – und dann streichen wir das Thema einfach.

Der japanische Zen-Meister Shunryu Suzuki hat gesagt: »Im Anfängergeist liegen viele Möglichkeiten; im Expertengeist wenige.« Damit meinte er: Je mehr wir lernen, desto größer wird die Wahrscheinlichkeit, dass unser Wissen uns einschränkt. Das bedeutet nun nicht, dass Meditation anti-intellektuell oder gegen die Ziele der Bildung und Erziehung eingestellt sei. Es heißt nur, dass wir mit unserem Wissen nicht unser Denken behindern dürfen. Wir sollten es vielmehr zur Befreiung unseres Denkens einsetzen. Das Denken befreien, viele wissen es wohl bereits, ist freilich keine einfache Aufgabe. Von Kindesbeinen an wird uns gesagt, wie und was wir zu denken haben, und irgendwann sind wir so weit, dies als »das Ganze der Wirklichkeit« zu akzeptieren. Wenn wir dann zu meditieren anfangen, ist das, was wir denken, schon unsere Welt geworden – ein Rahmen, den wir nicht mehr verlassen.

Beim Meditieren können wir uns jedoch zeitweilig freimachen von dem, was wir denken, und so entsteht Raum für Möglichkeiten, für Neues. Und wir tun das im ganz buchstäblichen Sinne: Wir lösen uns Augenblick für Augenblick aus der Umklammerung des Denkens, indem wir zum Atem zurückkehren. Schließlich geht uns auf, dass wir nicht Sklaven unserer eigenen Gedanken sein müssen. Wie oft haben wir uns schon gesagt: »Wenn ich doch nur mal für einen Augenblick nicht denken müsste!« Die Meditation zeigt uns, wie das zu schaffen ist.

Wir zählen die Atemzüge von eins bis vier, und dabei lernen wir allmählich, wie man sich vom Denken lösen kann. Ganz allmählich gewinnen wir ein Gefühl der Distanz zu unserem Denken. Und damit auch ein neues Bild unserer selbst: Bisher waren wir stets so sehr mit unseren Gedanken identifiziert, dass es so gut wie unmöglich war, Abstand zu gewinnen; jetzt werden uns die Denkprozesse bewusster, wir sehen, dass sie kommen und gehen wie der Wind, der von einem Fenster zum anderen durchs Zimmer streicht; schließlich sehen wir, dass das Denken von uns benutzt werden will und Spaß machen, aber nicht unser Leben beherrschen soll. Schließlich wird es möglich, für einen Moment einfach nur still zu sein und dafür unserer selbst innezuwerden.

Wenn man seiner selbst in dieser Weise inne ist, das habe ich von Deh Chun gelernt, dann beeindrucken einen die Experten nicht mehr gar so sehr. Und wer sich befreit hat von dem Impuls, den Experten zu folgen oder selbst einer zu sein, der wird weniger dazu neigen, anderen Menschen Hindernisse in den Weg zu legen. Wenn ein neues Mitglied sich Ihrer Meditationsgruppe anschließt, werden Sie so einfach wie möglich erklären, wie man meditiert, und dann darauf vertrauen, dass der Betreffende schon verstehen wird, wenn er es selbst und auf seine Weise tut.

Anleitung geben

Die beste Anleitung für den Einstieg in die Meditation, das habe ich schon früher einmal gesagt, besteht vermutlich darin, dass man alle Anleitungen weglässt und sich einfach hinsetzt und still ist. Nach diesem ersten Kennenlernen jedoch muss in fast allen Fällen doch noch etwas gesagt werden.

Was ist da zu sagen, und wie sagt man es? Das ist die wichtigste Frage. Meditation ist einfach, aber sehr subtil. Worte können schnell zum Hindernis werden. Jeder weiß, dass die ganz einfachen und unumwundenen Wegbeschreibungen die besten sind. Wenn jemand den nächsten Drogeriemarkt sucht, sagen Sie: »Gehen Sie hier bis ans Ende der Straße und dann rechts. An der nächsten Ampel links, und dann sehen Sie ihn bald auf der linken Seite.« Sehr einfach. Stellen Sie sich vor, was für Schwierigkeiten diese Person haben würde, wenn Sie anfingen, sämtliche Häuser zu beschreiben, die auf dem Weg liegen. Oder wenn Sie, nur zur Sicherheit, all die Wege beschrieben, die man *nicht* einschlagen darf, wenn man zum Drogeriemarkt will.

Wenn jemand zum ersten Mal an einer gemeinsamen Übung des Präsentseins im Augenblick teilnimmt, sollte erklärt werden, dass es letztlich keine Methode des Präsentseins gibt. Sagen Sie dem Neuling einfach, er oder sie möge während der Meditation still sitzen und darauf vertrauen, dass er bereits präsent sei, ohne irgendetwas dafür tun zu müssen. Sagen Sie, dass es später noch Anleitungen geben wird, dass aber nichts so einleuchtend ist wie das, was man selbst entdecken kann. So liegt das Hauptaugenmerk bei solchen Zusammenkünften immer auf den eigenen Mitteln. Wir belehren einander nicht, wir sagen einander nicht, was zu tun ist. Wir haben nur alle teil an der Gegenwart. Das ist Unterweisung genug.

Morgenlandfahrt

Meditation wurde in Amerika während der Zeit des Vietnamkriegs populär, als vielen Amerikanern der Glaube an die überlieferten religiösen Formen des Abendlandes abhanden kam. Die Gründe dieser Glaubenskrise sind äußerst komplex, und ich will gar nicht erst anfangen zu erörtern, inwiefern solche Faktoren wie die minutiöse Kriegsberichtserstattung in den Medien oder die Willkür gewählter Volksvertreter eine tiefer werdende Skepsis gegenüber allen traditionellen Formen der Autorität auslösten. Das Resultat war jedenfalls eine Art geistiges Vakuum, im sakralen ebenso wie im weltlichen Bereich.

Um diese Leere auszufüllen, machten sich viele nach Osten auf – ich war einer von ihnen. In der Rückschau will es mir scheinen, dass wir besser daheim geblieben wären. Nicht weil Judentum und Christentum die Antworten hätten bieten können, sondern weil die Antwort nie anderswo als in uns selbst lag.

Die meditativen Traditionen des Ostens weisen alle auf eine universale Wahrheit hin, die stets nur im Hier und Jetzt entdeckt werden kann. Wenn wir uns ostwärts auf die Suche machen, sei es äußerlich oder nur in unserem Herzen, entzieht sich uns diese Wahrheit nur um die gleiche Strecke.

Wie verhalten wir uns also gegenüber den Meditationslehrern aus den verschiedenen spirituellen Traditionen des Ostens? Schreiben wir ihnen mehr Autorität zu als den Priestern, Pastoren und Rabbinern in unserer Umgebung? Und wenn wir es tun, ist das nicht frommer Selbstbetrug – meistens jedenfalls? Ich glaube, das einzig Vernünftige ist eine ganz eigene Meditationspraxis, die sich nicht an äußeren spirituellen Autoritäten zu orientieren sucht.

Denn alle Vorstellungen von Autorität, wenn wir sie unter dem Gesichtspunkt der Meditation betrachten, besetzen doch nur die Stelle, die unsere eigene unmittelbare Erfahrung des Hier und Jetzt einnehmen sollte. Völlig präsent sein – das ist sich selbst Autorität genug. Nur wenn wir das aufgeben, kommen wir in Versuchung, uns jemandem auszuliefern. Nur wenn wir vergessen, wer und was wir sind, brauchen wir jemanden, der es uns sagt. Und wenn es so weit kommt, ist die Sache natürlich schon fürchterlich schief gelaufen.

Wirklich, wir sollten diesen Lehrern nicht böse sein, wenn sie uns sagen, wir sollten endlich erwachsen werden und uns die Nase selber putzen. Es sollte uns auch nicht überraschen, dass manche der weniger hoch entwickelten Seelen es nur auf unser Geld abgesehen haben. Das kommt davon, dass man im eigenen Leben nicht wirklich präsent ist. Als liefe man mit einem Schild um den Hals herum, auf dem steht: BITTE, SAG MIR, WAS ICH TUN SOLL.

Nichts darstellen

Wie den meisten Menschen passiert es mir manchmal, dass ich die Dinge anders erinnere, als sie tatsächlich waren. Vor allem wenn ich an Deh Chun denke, muss ich mich hüten, unsere gemeinsame Zeit wehmütig zu verklären.

Wenn ich ehrlich bin, war es häufig alles andere als gemütlich bei Deh Chun. Im Sommer war es zu heiß, im Winter hatte ich in seinem zugigen Häuschen eiskalte Füße. Und dann die vielen Perioden des (meinerseits) unbehaglichen Schweigens, in denen mir nichts einfiel, was ich hätte sagen können. Doch solch vorübergehendes Unbehagen war nichts gegen das Grauen, das manchmal in seiner Gegenwart an mir hochkroch. Natürlich hatte ich von Deh Chun nichts zu befürchten. Er war der gütigste, sanfteste Mensch, dem ich je begegnet bin. Mein Gefühl war von ganz anderer Art als Furcht vor physischer Bedrohung: Es war das Grauen angesichts der Sinnlosigkeit des Lebens.

Nie sagte oder tat Deh Chun in meiner Gegenwart etwas, was mir Anlass gegeben hätte zu glauben, dass es je um etwas anderes gehen könnte als das, was wir gerade vor uns hatten: eine Schale chinesischen Tee, stiebender Staub in einem Streifen Sonnenlicht, unsere Schatten an der Wand. Und nichts gab mir je das Gefühl, es gebe etwas, das ich *tun* könne, um zu verstehen. Nicht dass er ein Fatalist gewesen wäre, einer, der das Leben achselzuckend abgeschrieben hatte – ganz und gar nicht. Es fand nur keinerlei Smalltalk statt, wie man ihn sonst mit den meisten Menschen führt. Nichts von all den kleinen sozialen Illusionen, die unseren Umgang miteinander so schön glatt laufen lassen und mit denen wir durchs Leben kommen, ohne uns den großen Fragen wie Leiden und Tod zuwenden zu müssen. Wenn ich bei Deh Chun war, kam es mir so vor, als fielen mir all die kleinen Mittel, mit denen ich mir sonst zu versichern suchte, dass ich doch etwas darstellte, plötzlich aus der Hand.

Deh Chun malte mit großer Hingabe Berglandschaften, die er mit seinen chinesischen Wasserfarben gestaltete. Und er liebte seinen kleinen Biogarten. Freunde aus der Nachbarschaft und Studenten von der Universität bewirtete er mit liebevoller Fürsorge. Manchmal wurde er gebeten, an einem College oder in einem Museum der Gegend einen Vortrag über chinesische Landschaftsmalerei zu halten, und solche Einladungen nahm er mit einiger Begeisterung an. Aber was er auch tat, nie war irgendetwas Betontes oder gar Gestelztes an ihm. Er ging einfach von einem Augenblick zum nächsten, ohne je irgendetwas darstellen zu wollen.

Kein Rang

Präsent sein – das ist keine Ideologie, sondern eine simple Übung für gewöhnliche Menschen, der man sich als Bestandteil des Alltags widmen kann. Wenn man bei dieser Übung auch nur auf Gedanken käme wie »Ich bin Buddhist«, »Ich bin Christ« oder »Ich bin ein Anhänger meines Guru«, dann genügte das schon, um das Atembewusstsein zu unterbrechen. Wir setzen dann eine Vorstellung von uns selbst an die Stelle der Realität unseres gegenwärtigen Orts und der gegenwärtigen Zeit. Meditation ist keine Idee.

Die Philosophie der Gegenwärtigkeit bedeutet nichts weiter als das Freisein von ideologischem Denken. Die hier beschriebene Methode bedarf keiner Lehrer und keiner religiösen Dogmen und fördert dafür die Bildung kleiner unabhängiger Gruppen, die so ohne Aufhebens entstehen und wieder vergehen wie Pilze im Wald, wie Grashalme. Sie sind nicht darauf aus, sich selbst zu verewigen. Sie sind auch nicht auf die Akkumulation von Vermögen oder auf die Verbreitung einer Lehre aus. Sie wollen die Gegenwart und sonst nichts. Das ist die Essenz ihrer »Lehre«.

Solche Gruppen schränken niemals die Freiheit ihrer Mitglieder ein. Ein Mitglied wird sich vielleicht unter einem Guru schulen wollen, die Gruppe hingegen nicht. Einer kommt vielleicht an ein schönes Meditationsplätzchen in den Bergen, die Gruppe hingegen nicht. Der Einzelne mag Buddhist oder Christ sein, die Gruppe ist es nicht. Die Gruppe kann sich auch nicht atheistisch nennen, denn sie ist nicht einmal das. Sie will nichts als das Hier und Jetzt. Und diese radikale Armut ist ihr Geheimnis – sie ist das, was diese Form der Meditation so wirkungsvoll macht.

Wenn wir aber an die Natur menschlicher Interaktionen denken, was ist dann zu tun, um diesen Geist der Offenheit und gegenseitigen Achtung zu bewahren? Wie wahren wir den Geist des »Nicht-Tuns« all der trennenden und unproduktiven Dinge, die wir normalerweise tun? Ist nicht zu befürchten, dass Nicht-Tun doch wieder in Tun ausartet?

Die Teilnehmer an einer Zusammenkunft des gegenwärtigen Augenblicks sind für die Zeit dieser Zusammenkunft ohne Rang. Und das ist eigentlich das Wesen solcher Begegnungen. Wenn man nur dafür sorgt, dass dies gewahrt bleibt, ergibt sich alles Weitere einschließlich der subtilen Aspekte der Meditation von selbst. Ein Mitglied ist vielleicht Rektor einer Universität, während ein anderes erst kürzlich aus dem Gefängnis entlassen wurde. Man muss derart stark divergente Gruppen nicht unbedingt anstreben, aber es ist immer möglich, dass so etwas entsteht. Und jede Zusammenkunft des gegenwärtigen Augenblicks sollte so sein, als könnten die Teilnehmer durch Welten getrennt sein.

Niemand ist hier Experte oder Lehrer. Wer das Meditieren wirklich beherrscht, hat alles Herrschen längst hinter sich gelassen, hat all das abgelegt, womit wir uns normalerweise unglücklich halten, indem wir in der Zukunft oder Vergangenheit leben. Und man wird kaum bemerken, was er erreicht hat. Keine Rangabzeichen oder besonderen Kleidungsstücke weisen darauf hin.

Legen Sie also für den Augenblick einmal alle Rangabzeichen und besonderen Kleidungsstücke ab, damit Sie ganz in der Gegenwart sein können, frei und klar. Das ist das spirituelle und psychische Äquivalent des Nacktseins. Während das physische Nacktsein Ihnen jedoch einiges an Aufmerksamkeit sichern würde, ist es mit dem spirituellen Nacktsein ganz entgegengesetzt. Es erregt überhaupt keine Aufmerksamkeit.

Denken Sie als Erstes an Dinge wie Ihre Arbeit und Ihren Beruf, an Einkommen und Vermögen, an Haus und Auto, die Sie besitzen oder auch nicht. Ziehen Sie all das aus wie einen Mantel, und legen Sie es neben sich auf den Boden. Daneben legen Sie alles, was Sie unter dem Mantel tragen: Parteizugehörigkeit und/oder philosophische Überzeugung, Ihre Religionszugehörigkeit, falls Sie eine haben, und die Bücher, die Sie in letzter Zeit gelesen haben. Obendrauf kommt Ihr Schmuck und alles, was der Verschönerung dient: Ihre Posen, Ihr ach so unaufdringliches Großtun, das ganze Bild von sich, das Sie der Welt hinhalten. Wenn Sie an »Krücken« gehen – wenn Sie an Tabak-, Alkohol- oder Drogensucht oder unter quälenden Erinnerungen und psychischen Traumata leiden –, werfen Sie auch sie auf den Haufen. Zuletzt ziehen Sie Unterwäsche und Socken aus: Ihr letzter Schutzwall vor dem Nichts, die Dinge, an die Sie sich um des lieben Lebens willen klammern.

Was bleibt übrig? Und worin unterscheiden Sie sich dann noch von irgendjemand anderem?

Sonnenaufgang

Heute gab es einen atemberaubenden Sonnenaufgang. Wir haben ihn in voller Breite durch die Glasschiebetüren unseres Schlafzimmers im ersten Stock gesehen. Die Kinder waren bei uns im Bett, Jonah nuckelnd, Sophie zwischen uns gekuschelt und mit dem Haar ihrer Mutter spielend. Ich hatte gar nicht gemerkt, dass sie ins Bett geklettert war.

Die Wolken waren nicht rot, sondern von glühendem Orange, eine Farbe, wie ich sie in der Natur noch nie gesehen habe. Ich holte Sophies Flasche, ging dann aber nicht nach unten, um zu meditieren, sondern legte mich wieder ins Bett, und wir verfolgten alle zusammen den Sonnenaufgang, bis die Farben verblasst waren.

Wir aßen früh zu Abend, und dann wurden gleich die Kinder gebadet, damit Perdita zur monatlichen Versammlung des Elternvereins gehen konnte. Als Thema des Abends war »spirituelle Elternschaft« angekündigt, und alle kamen. Das ist hier schließlich Woodstock, Schauplatz des berühmten Rockkonzerts und seit über zweihundert Jahren Standort einer Künstlerkolonie – kurzum, die Leute hier haben echt eine eigene Meinung, wenn es um spirituelle Sachen geht.

Eine Frau erzählte von ihrer katholischen Erziehung. Als

junge Frau hatte sie sich vom Katholizismus abgewendet, war aber auf ihn zurückgekommen, als sie eigene Kinder hatte. Eine andere Frau, die den tibetischen Buddhismus als ihre Religion angenommen hatte, berichtete von der Pflege eines sterbenden Kindes. »Es war ein solches Geschenk für mich«, sagte sie. Ein paar Minuten später sagte eine andere Frau, sie habe ein Kind verloren, und es sei kein Geschenk gewesen. Es war still im Raum. Sie sagte: »Es ist ein unbegreifliches Geheimnis.«

Es waren Juden, Unitarier, Katholiken und Buddhisten anwesend, aber auch Leute, die sich mangels eines passenden Etiketts als »gar nichts« bezeichneten. Die Diskussion, so erzählte Perdita, dauerte drei Stunden, aber man kam am Ende zu keinem Ergebnis. Nur als ihre Freundin Nancy an einer Stelle sagte, sie fände es für die spirituelle Entwicklung der Kinder wichtig, dass man sie jeden Tag mit nach draußen in die Natur nimmt – da waren alle einverstanden. Doch von der Naturerfahrung einmal abgesehen, war diese Auffassung von Spiritualität offenbar zu allgemein, als dass sie sich zur konkreten Anwendung eignete.

Als die Leute aufgefordert waren, nacheinander ihre Religionszugehörigkeit zu nennen, erzählte Perdita mir daheim, konnte sie sich nicht entscheiden. Sie sagte schließlich, sie übe zwar Zen in einem Zen-Kloster der Gegend, betrachte sich aber nicht als Buddhistin. »Im Grunde werde ich wahrscheinlich immer eher Katholikin als alles andere sein«, erklärte sie.

»Wie meinst du das, dass du keine Buddhistin bist?«, fragte Wendy, unsere Freundin, die sich dem tibetischen Buddhismus zugehörig fühlt.

»Ich meine, dass ich Zen *übe,* aber keine Zen-*Buddhistin* bin«, antwortete sie.

Perdita sagte, es sei so frustrierend gewesen, nicht genau erklären zu können, was sie meinte.

Nancy, die auch das Zen-Kloster besucht, kam ihr zu Hilfe: »Man muss nicht Buddhist sein, um sich im Zen zu schulen.«

Das erregte nun wieder das Interesse eines der Männer. Er wollte schon immer gern meditieren, war aber Katholik. »Also, was fange ich damit jetzt an?«, fragte er.

»Aber eine Sache war wirklich schön«, sagte Perdita, als sie mit ihrem Bericht fertig war.

»Und was war das?«, fragte ich.

»Alle haben heute Morgen den Sonnenaufgang gesehen.«

»Alle?«

»Jeder Einzelne.«

Die Gegenwart mit allem teilen

Wenn wir für uns allein meditieren, werden die meisten von uns das kaum als eine Zusammenkunft sehen. Tatsächlich meditieren wir aber nie allein. Es sind immer auch andere Wesen um uns. Mögen sie lebendig sein oder nicht, sie sind da.

Während meiner Klosterzeit habe ich mal etwas ganz Erstaunliches erlebt. Es war im Sommer während einer siebentägigen intensiven Meditationsklausur. Nach dem Mittagessen gab es immer eine Pause von ungefähr einer Stunde, und dann lagen viele von uns draußen am abschüssigen Seeufer in der Sonne. Dabei sah ich einmal meinen besten Freund, den japanischen Mönch Essan, wie er an einem Baum stand, die Arme um den Stamm geschlungen. Er blieb lange so stehen, das Gesicht an die Rinde gepresst.

Das Bäumeumarmen war damals schon so etwas wie ein Klischee geworden, der verächtliche Ausdruck des Big Business für Leute, die den Umweltschutz über alles andere stellten. Ich dachte mir allerdings gleich, dass es wohl nicht das war, was Essan im Sinn hatte. Aber *was* machte er da? Als er gegen Ende der Pause immer noch so dastand, begann ich mir Sorgen zu machen und ging zu ihm hinüber, um zu sehen, ob ich etwas tun konnte.

Gerade, als ich mich näherte, ließ er endlich den Baum los. Er drehte sich um, und ich sah sein tränenüberströmtes Gesicht. Ich wollte etwas sagen, aber er schüttelte nur den Kopf und lächelte.

Essan war einer der schönsten Menschen, die ich je gekannt habe, aber wenn man nach seinem Äußeren ging, hätte man ihn wohl – nach allen gängigen Kriterien – als hässlich bezeichnen müssen. Er hatte eine breite, fliehende Stirn, durch nichts gemildert, da er sich den Kopf rasierte, und sein Vorbiss besaß ein Ausmaß, das man höflich als »auffallend« hätte bezeichnen können. An diesem Tag jedoch war in Essans Gesicht etwas nicht zu Beschreibendes. Als er mich anlächelte, löste sich meine ganze Sorge um ihn einfach auf. Genauer gesagt: *Alle* meine Sorgen und Kümmernisse, um was auch immer, lösten sich auf. Ich erinnere mich noch an meinen Gedanken, in diesem Augenblick Zeuge von etwas Besonderem geworden zu sein, wenn ich auch nicht hätte sagen können, was es war.

Ein paar Tage später war die Meditationsklausur vorbei. Alle auswärtigen Teilnehmer waren wieder abgereist, und jetzt stapften Essan und ich wieder allein mit der Motorsäge über den Berg und fällten Bäume.

Als wir zur Pause auf einem Stamm saßen, fragte ich ihn: »Also was war da los neulich mit dem Baum?«

Er schwieg eine Weile und sagte dann: »Ich hab mir diesen Baum angesehen, und dann war plötzlich diese Liebe da, Liebe zu diesem Baum. Also bin ich hingegangen und hab ihn ganz lange in den Armen gehalten. Und dann wusste ich plötzlich: Er ist mein Bruder. Wir gehören beide zu ein und demselben.«

Den meisten von uns wird es wahrscheinlich relativ leicht fallen, die Gegenwart mit einem Baum oder einer anderen Pflanze zu teilen, denn die sind wenigstens lebendig. Aber der Wind ist auch lebendig. Die Staubteilchen in der Luft und die Wolken sind lebendig, Verkehrsgeräusche sind lebendig, der geriffelte Holzboden unter den Füßen ist lebendig. Und alle diese Dinge teilen den gegenwärtigen Augenblick mit uns. Je mehr wir meditieren, desto deutlicher spüren wir das Lebendige in allem und desto klarer sehen wir auch, dass die Gegenwart keine Grenzen hat. Alles um uns her pulsiert ebenfalls von Leben.

Schlagen Sie dieses Buch zu, und nehmen Sie sich einen Augenblick Zeit, die Gegenwart mit allem in Ihrer näheren Umgebung zu teilen – mit den Bäumen, der Wanduhr, dem tröpfelnden Regen. Sollte Sonnenlicht durch ein offenes Fenster vor Ihnen auf den Boden fallen, begrüßen Sie es als Mitglied Ihrer Gruppe. In gewissem Sinne ist dies die reinste, natürlichste Art des Zusammenkommens, denn hier sind keinerlei Anweisungen zu geben, keine Regeln zu befolgen. Nichts muss man hier tun oder wissen. Daher keine Unsicherheit, keine Verwirrung.

Wenn Sie nun ein paar Minuten lang Ihre Atemzüge zählen und dann einfach dem Atem folgen, werden Sie nach einer Weile, und beinahe ohne es bewusst anzustreben, spüren, wie die künstlichen Grenzen zwischen Menschlichem und Nichtmenschlichem, Animalischem und Mineralischem sich aufzulösen beginnen.

Dann werden Sie wissen, dass alle diese anderen Dinge stets in der Gegenwart sind. Der Wind weht. Schatten von Blättern vor Ihnen auf dem Boden wechseln ihren Ort.

Fangen Sie jetzt an.

Die Gegenwart mit Kindern teilen

Neulich habe ich an einer sonntäglichen Veranstaltung für Kinder in einem Zen-Kloster teilgenommen. Eine sehr freundlich und gütig wirkende Frau in schwarzem Gewand unterwies die Kinder in der Meditation.

»Wir fangen damit an, dass wir den Rücken ganz gerade machen«, erklärte sie. Die Kinder nahmen unter allerlei Hin und Her die vorgeschriebene Haltung ein, Rücken brettgerade. Das Ganze hatte etwas Komisches, und eines der Kinder, die sechsjährige Tochter einer Freundin, warf mir, sichtbar amüsiert, einen verstohlenen Seitenblick zu und gab ihrem Gesicht den schmallippigen Ausdruck betonter Ernsthaftigkeit.

Die Frau erklärte weiter: »Jetzt legen wir die Hände so in den Schoß, dass die linke über der rechten liegt und die Daumenspitzen sich ganz leicht berühren.«

Als alle Kinder die korrekte Haltung eingenommen hatten, fuhr sie fort: »Jetzt senken wir den Blick und schauen auf den Boden direkt vor uns. Die Zungenspitze soll die

Rückseite der Schneidezähne leicht berühren. Jetzt lasst ihr die Schultern ganz locker fallen und spürt einfach, wie der Atem durch eure Nase einströmt und ausströmt. Bleibt einfach nur dabei und macht euch klar, wie sich das anfühlt.«

Danach meditierten wir alle ein paar Minuten lang – zu lange für meine Tochter, die nach einer Minute aufstand und auf Zehenspitzen in den Nebenraum ging. Dort hüpfte sie mit ausgebreiteten Armen im Kreis herum, vermutlich um zu fliegen.

Nach Beendigung der Meditation fragte die Frau die Kinder, wie das Meditieren sich angefühlt habe. Es kamen verschiedene Antworten: »Es war still.« – »Es war so friedlich.« – »Mir war ein bisschen schwindlig.« – »Ich konnte die Erde hören.«

Es waren außer mir noch andere Erwachsene anwesend, und einer fragte mich später: »Was hältst du davon? Ich finde es erstaunlich, wie gut sie das machen.«

»Ja«, sagte ich. »Das ist das Problem, glaube ich. Sie haben Meditation dargestellt, genauso wie meine Tochter Fliegen dargestellt hat.«

Mein Schwager erzählte mir einmal eine Geschichte über Khenpo Karthar Rinpoche, einen bekannten tibetischen Lama und Lehrer im Westen. Bei einem seiner Vorträge wurde er von einem Zuhörer gefragt: »Rinpoche, wie soll ich mein Kind in die Meditation einführen?«

Der Rinpoche erwiderte mit gequälter Miene: »O bitte, tun Sie das nicht.«

Doch der Mann ließ nicht locker: »Die Meditation, die Sie uns lehren, hilft mir so sehr, Rinpoche, und ich möchte, dass mein Kind diese Hilfe auch hat.«

Khenpo Karthar Rinpoche verwies es ihm erneut, aber

der Mann blieb bei seinem Wunsch. Da sagte er schließlich: »Wenn Sie Ihrem Kind *unbedingt* das Meditieren beibringen müssen, dann machen Sie es so: Schlagen Sie eine Glocke an, und fordern Sie es auf zu lauschen und Ihnen zu sagen, wann der Klang aufhört.«

Das ist ein ganz ausgezeichneter Rat, und vor allem deshalb, weil es überflüssig ist, Kindern das Meditieren beizubringen. Wir unterrichten sie ja auch nicht im Spielen. Kinder sind von Natur aus präsent, ohne dass wir uns einmischen oder sie dazu anleiten müssen. Wenn wir sie zum Meditieren auffordern, trennen wir sie nur von ihrer natürlichen Präsenz, in der wir sie so häufig beobachten können, wenn sie tanzen oder etwas basteln oder dem Regen auf dem Dach lauschen oder nur eine Eichel, einen heruntergefallenen Ast anschauen.

Die Rückfront unseres Hauses in Woodstock besteht ganz aus Glas. Hinter dem Haus liegt eine Wiese mit einem Teich, der allerlei Getier anzieht – Eichhörnchen, Hirsche, Reiher und gelegentlich sogar einen Schwarzbären. Von meinem Büro im Obergeschoss aus sehe ich häufig als Erster, was sich am Teich tut und ob wieder mal ein ganz neuer Gast da ist. Bei solchen Gelegenheiten rufe ich meine Tochter und höre dann gleich das eilige Trampeln ihrer Füße auf dem Holzfußboden.

Sekunden später steht sie neben mir und blickt in Richtung meines ausgestreckten Fingers. Ihre Augen blinzeln nicht mehr, ihr Atem geht erst schneller und wird dann langsamer. Ganz still wird der kleine Körper. Eine ganze Weile später zupft sie mich am Hosenbein und flüstert: »Papi, wie heißt der?«

Meditation ohne Gurus

Vor einiger Zeit unterhielt ich mich mit einer Freundin, die eben erst Nonne geworden war. Sie hatte sich den Kopf kahl geschoren und trug Klosterkleidung. Wir brauchten eine Weile, um alles zu berichten, was sich seit unserer letzten Begegnung getan hatte. »An was für einem Buch schreibst du denn gerade?«, fragte sie schließlich.

»Ich schreibe ein Buch für Leute, die in ihrem ganz normalen Leben meditieren möchten«, sagte ich. »Ein Buch für Leute, die keine neue Religion annehmen oder ihr ganzes Geld irgendeiner Organisation aushändigen wollen. Na ja, Meditation ohne Gurus – die Richtung etwa.«

Sie schien darüber nachzudenken. Dann sagte sie: »Aber genau das wollte *ich* doch auch.«

Erst dachte ich, sie würde scherzen, aber dem war offensichtlich nicht so.

»Und was kam dazwischen?«, fragte ich.

»Das weiß ich nicht.«

Das ist ganz und gar kein ungewöhnlicher Fall. Mir ist es sogar ganz ähnlich ergangen.

Ich begann zu meditieren, weil ich mir ein Gefühl von authentischer Gegenwart in meinem Leben wünschte. Innerlich wusste ich, wenn auch vage, dass ich nirgendwohin *gehen* und nichts *tun* musste, um dieses Gefühl der Authentizität zu bekommen, dass ich es hier und jetzt haben konnte, aber ich konnte nicht sagen, warum das so war. Ich bin – durch meine Eltern, durch meine Erziehung, durch die Gesellschaft, in der ich lebe – dazu erzogen, nichts als gesichert zu akzeptieren, was nicht durch eine detaillierte Erklärung gedeckt ist, und der Meinung von

Experten eher zu glauben als meinen eigenen Augen – also nahm ich an, dass meine Intuition falsch war.

In dieser Zeit begegnete ich Deh Chun. Er bestätigte mich in keiner Weise in meinem Glauben, ich müsse mich intensiv mit Meditation befassen. Und er unterließ nicht nur das, sondern enthielt sich grundsätzlich aller Erklärungen und Unterweisungen. Ich nahm das damals als Zeichen dafür, dass er außer der inspirierenden Art, mit der er sein Leben lebte, nichts zu bieten hatte. Ich sagte mir, er sei eben ein *idiot savant,* ein spiritueller Tor, aber mehr auch nicht. Heute weiß ich, dass er mir unablässig die perfekte Meditationsanleitung gab, und dass alles, was ich später lernte, nur die Verkomplizierung dessen war, was er mich ohne ein einziges Wort gelehrt hatte.

Damals empfand ich jedoch, dass mir etwas fehle. Ich konnte dieses Gefühl, unvollständig zu sein, nicht abschütteln. Dieses Sich-selbst-genug-Sein und Unabhängigsein, war das nicht einfach einer der verqueren Züge, die meine Gesellschaft auch an mich vererbt hatte, ein ungerechtfertigter spiritueller Optimismus, den ich allein dadurch hatte, dass ich Amerikaner war? Das offenbar mit der Muttermilch eingesogene Selbstvertrauen, das mich glauben ließ, ich könne Meditation unmittelbar, ohne Mittel, erleben, war in diesem Fall offenbar pure Arroganz. Ich sollte mir das wohl lieber aus dem Kopf schlagen und auf etwas anderes bauen.

Diese Selbstzweifel machten mich zur leichten Beute für beinahe alles, was an spirituellen Lehrern des Weges kommen mochte. Glücklicherweise fand ich einen guten Lehrer, den Abt eines Zen-Klosters. Er konnte mir die Lehren, die Deh Chun verkörpert, aber niemals erklärt hatte, auseinander legen. Aber sie waren beengt und behindert durch eben die Worte, mit denen er sie mir darlegte, und so musste ich ihn und das Kloster schließlich verlassen, um den gegenwärtigen Augenblick außerhalb aller ideologischen Zäune zu erleben. Erst dann ging mir auf, was Deh Chun stets, aber wortlos mitgeteilt hatte.

Irgendwann zog Deh Chun um nach Tennessee, und kurz darauf hörte ein junger Mann in New York (den ich viele Jahre später kennen lernte) von einem Mönch des Theravāda-Buddhismus Folgendes: Wer sich wirklich ernsthaft im Zen schulen wolle, der solle sich gar nicht erst lange mit all den damals entstehenden Tempeln und Zen-Zentren aufhalten, sondern gleich nach Monteagle in Tennessee gehen. Da gebe es einen alten Kerl, den niemand kenne, der aber trotzdem »das einzig Wahre« sei.

Auf Empfehlung des Mönchs schrieb der junge Mann an Deh Chun und erhielt zur Antwort, er solle für den Sommer nach Monteagle kommen. Als er noch einmal schrieb, um den genauen Weg zu erfragen, schickte Deh Chun nur eine Postkarte mit den Worten: »Fragen Sie nach dem Chinaman.« Der junge Mann hielt sich daran, wenn auch zweifelnd. Als er mit dem Greyhound in Monteagle ankam und fragte, schickte man ihn schnurstracks zu Deh Chuns Tür.

Den Sommer über wohnte er bei Deh Chun, meditierte mit ihm, half bei den notwendigen Reparaturen am Haus und kehrte dann nach New York zurück. Wir begegneten uns dann irgendwann, und er erzählte mir, er habe nach dieser Zeit mit Deh Chun immer das Gefühl gehabt, er habe von dem alten Mönch etwas Wunderbares, aber letztlich Unerklärbares gelernt. Er habe Deh Chun dann sogar einen Brief geschickt, in dem er ihm dankte und von seinem Gefühl erzählte, dass er während der gemeinsamen Zeit sehr viel von ihm gelernt habe.

Eine Woche später hatte er einen Brief erhalten, in dem Deh Chun sich für all die Hilfe bei den Reparaturen am Haus bedankte. Aber am Schluss dieses Briefes schrieb er: »Leider muss ich Ihnen jedoch mitteilen, dass Sie von mir überhaupt nichts gelernt haben.«

Dreißig Jahre waren seitdem vergangen, als mein Freund mir davon erzählte, und ich hörte seiner Stimme an, dass er sehr bewegt war. Er sprach dann nicht weiter, und ich dachte schon, die Geschichte sei wohl unversehens in wehmütige Erinnerungen übergegangen. Plötzlich sagte er jedoch: »Weißt du, ich war damals so enttäuscht. Ich verstand überhaupt nicht, was er meinte.«

Lange Zeit dachte ich, Deh Chun wolle mit seiner Weigerung, Schüler anzunehmen, lediglich sicherstellen, dass er seine ganze Zeit der Meditation widmen konnte. Er wollte niemandes Guru sein, dachte ich, weil er nicht davon reden, sondern es nur *tun* wollte. Heute glaube ich, dass ich mich darin geirrt habe – wie in so manch anderen Dingen, was diesen rätselhaften alten Mann anging. Jetzt denke ich, dass er kein Guru sein wollte, weil es keine Gurus gibt. Es gibt nur die Gegenwart, die wir mit allen und allem teilen. Niemand hat das gepachtet. Und ganz sicher kann es nicht gelehrt werden. Deh Chun wollte nicht, dass jemand sein Vertrauen in ihn setzte. Sie sollten ihr Vertrauen in sich selbst setzen.

Eine Holzschale

An dem Tag, an dem ich Deh Chun sagte, ich habe mich entschlossen, Schüler eines anderen zu werden, verneigte er sich nur. Mir war so, als hätte er dabei etwas geflüstert, aber wenn es so war, habe ich jedenfalls nie erfahren, was er sagte. Lange Zeit konnte ich mich dieses Augenblicks nur mit großer Traurigkeit erinnern. Ich war seit meiner Collegezeit bei Deh Chun gewesen, aber ohne das Gefühl, je eine Unterweisung erhalten zu haben. Nicht ein einziges Mal hörte ich von ihm etwas, was als einführende Unterweisung hätte gedeutet werden können. Schließlich lernte ich das Meditieren doch, aber nicht von ihm, sondern von meinem Zen-Lehrer.

Vielleicht habe ich gehofft, Deh Chun werde sich eines Tages als der Meister zu erkennen geben, der er war, doch das geschah nie. Im Gegenteil, er gab mir eher Anlass zu Gefühlen der Peinlichkeit – ein ungehobelter alter Chinese, der sich auf den Gehsteig schnäuzte, sein Gebiss nicht einsetzen mochte und schäbige Secondhand-Kleidung trug.

An dem Tag also erzählte ich ihm, dass ich Schüler eines japanischen Zen-Meisters werden wolle, dem ich einige Jahre zuvor begegnet war, und dass ich irgendwann auch Mönch werden wolle. Ich sagte nicht, dass ich selbst auch Zen-Meister sein wollte, Angehöriger einer Linie, die sich lückenlos bis auf den historischen Buddha zurückverfolgen ließ. Ich sagte ihm nicht, dass ich einem »höheren Ruf« folgen und einem Kloster vorstehen und Mönche schulen wollte, wie sich das für einen richtigen Zen-Meister gehört. Aber wenn ich jetzt daran zurückdenke, wird er mir wohl alles angesehen haben, während wir da zusammen an seiner Tür standen.

Wie war ihm zumute in diesem Augenblick? Wie mochte es sich anfühlen, diesem großen, schmächtigen, so wild entschlossen auf sein spirituelles Ziel ausgerichteten Amerikaner gegenüberzustehen? Enttäuschte es ihn, dass ich nicht begriff, was es mit unserer Beziehung auf sich hatte? War er niedergeschlagen, weil ich so gar nichts verstanden hatte? War es immer schon seine Absicht gewesen, mich so ziehen zu lassen – wie den Mann in der buddhistischen Parabel, dessen Freund ihm ohne sein Wissen einen kostbaren Edelstein ins Futter seines Mantels genäht hatte?

Auch heute weiß ich noch keine Antwort. Aber ich habe oft über die Bedeutung dieser Abschiedsgeste nachgedacht. Damals dachte ich, sie bedeute einfach ein Sich-Fügen, das gefasste Hinnehmen eines Abschieds, der immer schon so kommen musste. Heute sehe ich darin eher die Geste eines meisterlichen Schwimmers, der jeden Brecher gewandt durchtaucht.

Menschen, die ihr Leben einem hohen spirituellen Ideal weihen, werden manchmal Heilige – aber meditieren lernen sie auf diese Weise nicht. Ähnlich dem heiligen Gral einer der vielen Legenden erweist sich Meditation, wenn sie denn schließlich kommt, als eine schlichte Holzschale. Das begann mir viel später zu dämmern, als ich schon Mönch in einem Tempel in New York war.

Meine Freunde waren stolz auf mich. Mein japanischer Zen-Lehrer glaubte fest daran, dass ich für den Rest meines Lebens auf dem Zen-Weg bleiben würde. Die meisten Menschen, zumindest innerhalb der Zen-Gemeinschaft, begegneten mir mit Respekt und einer gewissen Ehrerbietung. Sogar meine Eltern, beide Christen, kamen zu dem Schluss, dass vielleicht viele der Schwierigkeiten meiner jüngeren Jahre daher rührten, dass mir diese besondere, wenn auch ungewöhnliche Rolle bestimmt war.

Ein Therapeut, den ich zu der Zeit konsultierte, sah das anders. Er sagte, in meinem Leben müsse irgendetwas fürchterlich schief gegangen sein. Es war geradezu eine Erlösung, einem so aufrichtigen Menschen zu begegnen. Wir haben dann Jahre daran gewendet herauszufinden, wo das Problem wohl lag.

Der Mönchsstand verlor allen Sinn für mich, also legte ich die Robe ab und arbeitete in verschiedenen Jobs. Viele Antworten ergaben sich aus den Therapiesitzungen in diesem kleinen Raum auf der West 57th Street, der sich in mancher Hinsicht so anfühlte wie das Zimmer, in dem ich mit Deh Chun gesessen hatte. Die einzige Antwort jedoch, die Bestand hatte, die einzige, die mich tief genug berührte, um mir so etwas wie Wegweisung in meinem Leben zu geben, war und bleibt das Bild des geneigten Haupts meines Lehrers. Die Botschaft des Bildes wurde mir so klar, als wäre sie quer über das kahle Haupt geschrieben: Wenn du aufrichtig sein willst, sei einfach; wenn du meditieren willst, bleib unten.

Dank

Buchstäblich Hunderten von Menschen, denen ich – vielfach zufällig – im Laufe der Jahre begegnet bin, verdanke ich die Inspiration zu diesem Buch. Manche, wie etwa der Taxifahrer, der mir sagte, er würde gern meditieren, wolle aber keinen Turban tragen, riefen mir in Zeiten des Vergessens ins Gedächtnis zurück, wer ich bin und worüber ich zu schreiben habe.

Meine Frau, Perdita Finn, hat das Folgende wie alles andere, das ich schreibe, aus dem unedlen Metall meiner laufenden Tagträumereien entstehen lassen. Was hier an Gold zu finden sein mag, muss der Leser ihrer Alchimistenkunst zuschreiben. Auch meine Mutter, Anne Strand, hat mit wertvollen Einsichten die Gesamtkonzeption dieses Buches mitgestaltet. Meine Tochter Sophie – im Übrigen der verspielteste und lebendigste Mensch, den ich kenne –, hat mich zu etlichen Kapiteln inspiriert, und mein Sohn Jonah vereinfachte viele meiner Gedanken schlicht dadurch, dass er morgens, wenn ich schrieb, manchmal auf meinem Schoß saß.

Und wie immer haben Ned Leavitt und Kip Kotzen mein Schriftstellerleben im Fahrwasser gehalten. Laurie Abkemeier vom Verlag Hyperion brachte Klarheit in alles.

Schließlich danke ich meinem Zen-Lehrer Eido Tai Shimano Roshi, dem Abt des zum Dai Bosatsu Zendo gehörenden Kongo-ji, für alles, was er mich in den vierzehn Jahren unseres gemeinsamen Weges lehrte. Dieses Buch hätte ohne ihn nicht geschrieben werden können. Dank auch Marvin Sicherman, der mir das Verlorene wieder zu finden half.

Else Müller

Der Klang der Bilder
Phantasiereisen mit Klangschalen
Band 14703

Du fühlst die Wunder nur in dir
Autogenes Training in Naturimpressionen
und Alltagsbeobachtungen
Band 11692

Du spürst unter deinen Füßen das Gras
Autogenes Training in Phantasie- und Märchenreisen
Vorlesegeschichten
Band 3325

Auf der Silberlichtstraße des Mondes
Autogenes Training mit Märchen zum
Entspannen und Träumen
Band 3363

Wege in der Wintersonne
Autogenes Training in Reiseimpressionen
Band 11354

Inseln der Ruhe
Ein neuer Weg zum Autogenen Training
für Kinder und Erwachsene
Band 12274

Dr. med. Kenneth H. Cooper

Bewegungstraining

Praktische Anleitung
zur Steigerung der Leistungsfähigkeit

Band 1104

Dieses Buch handelt von den physiologischen und medizinischen Voraussetzungen und den optimalen Trainingsmethoden zur Erhöhung und Erhaltung unserer Leistungsfähigkeit. Der Autor begnügt sich nicht mit allgemeinen Hinweisen, sondern legt im einzelnen dar, wie man zu einer guten körperlichen Gesamtverfassung kommen kann. Es wird nichts verlangt, was übermäßige Willenskraft erfordert. Und vor allem: aus einem ganzen Katalog von Sportarten kann man sich eine beliebige aussuchen oder auch mehrere kombinieren – Wandern, Laufen, Radfahren, Schwimmen, Handball usw.
Dr. Cooper entwickelte ein neuartiges Punktesystem, mit dessen Hilfe man selbst seine körperliche Leistungsfähigkeit ständig unter Kontrolle halten kann. Diese Tabellen ermöglichen es auch, den Leistungsstand zu Beginn des Trainings und jeweiligen Fortschritt zuverlässig zu ermitteln. Tests wurden mit Tausenden von Personen vorgenommen – mit Männern und Frauen, Gesunden und Kranken, Nervösen und Süchtigen. Die Ergebnisse wurden in Laboratorien gemessen und ausgewertet. So kam man mit recht komplizierten Methoden zu den in ihrer Anwendung so einfachen Prinzipien des dosierbaren »Bewegungstrainings«.

Fischer Taschenbuch Verlag

fi 1096 / 5

Frank Wildman

Feldenkrais

Übungen für jeden Tag

Aus dem Amerikanischen von Vukadin Milojevic

Band 12489

Die meisten Menschen sitzen, stehen und gehen nicht optimal. Gerade der typische Büroalltag führt leicht zu Verspannungen und irgendwann zu chronischen Beschwerden.

Die Übungen, die Frank Wildman für dieses Buch zusammengestellt hat, basieren auf dem Grundgedanken von Moshe Feldenkrais, daß es eine natürliche körperliche Intelligenz gibt, die durch geeignete Schulung selbst aktiv wird.

Die Lektionen sind speziell für alltägliche Beschwerden konzipiert. Sie sind einfach und meistens unauffällig auszuführen und helfen, akute Beeinträchtigungen und Streß abzubauen.

Fischer Taschenbuch Verlag

fi 1620 / 7

Jiao Guorui

Qigong Yangsheng

Chinesische Übungen zur Stärkung der Lebenskraft

Aus dem Chinesischen von Stephan Stein

Band 12948

Unter dem Oberbegriff Qigong werden vielfältige körperliche Übungssysteme zusammengefaßt, deren Gemeinsamkeit die Stärkung der Lebenskraft ist, also der Vorbeugung von Krankheiten, der generellen Gesunderhaltung und Kräftigung, der konkreten Behandlung von Krankheiten und der Linderung von Schmerzen. Beim Üben von Qigong geben wir durch Bewegungen und Imagination Impulse und Signale an unseren Organismus und beeinflussen damit unsere Körperfunktionen und unseren Geist. Richtig verstanden ist Qigong Körper- und Geisteskultur zugleich.
Um Qigong leicht in den Tagesablauf zu integrieren, werden aus den vier klassischen Formen – Acht Brokate, Stehen wie eine Säule, Spiel der Fünf Tiere und den 15 Formen des Tai-Ji – kleine Übungszyklen zusammengestellt. Diese Auswahl ermöglicht demjenigen, der nicht genug Zeit für die vollständigen Formen hat, kurze und trotzdem effektive Übungszeiten.

Fischer Taschenbuch Verlag

fi 1567 / 6